我们的写作课

WOMEN DE XIEZUO KE

李 艳　朱国华 ◎ 主编

河海大学出版社
HOHAI UNIVERSITY PRESS
·南京·

图书在版编目(CIP)数据

我们的写作课 / 李艳，朱国华主编. -- 南京：河海大学出版社，2024. 9. -- ISBN 978-7-5630-9260-4
Ⅰ. G634.343
中国国家版本馆 CIP 数据核字第 20246LK696 号

书　　名	我们的写作课
	WOMEN DE XIEZUO KE
书　　号	ISBN 978-7-5630-9260-4
责任编辑	齐　岩
文字编辑	沈为奇
特约校对	李　萍
封面设计	徐娟娟
出版发行	河海大学出版社
地　　址	南京市西康路 1 号(邮编：210098)
电　　话	(025)83737852(总编室)　(025)83787786(编辑室)
	(025)83722833(营销部)
经　　销	江苏省新华发行集团有限公司
排　　版	南京布克文化发展有限公司
印　　刷	广东虎彩云印刷有限公司
开　　本	718 毫米×1000 毫米　1/16
印　　张	13
字　　数	234 千字
版　　次	2024 年 9 月第 1 版
印　　次	2024 年 9 月第 1 次印刷
定　　价	78.00 元

《我们的写作课》编委会

主编　李　艳　朱国华

编委　解用娟　李冬艳　张雪莲　曹　珊
　　　朱国欣　李小燕　蔡　玉

前言
FOREWORD

诺贝尔文学奖获得者莫言说:"写作,是一种寻找和探索的过程。"在寻找和探索的路上,可以和自己的心同行,将所思付诸笔端,形成写作过程。作为一种个体行为,写作过程涉及审题立意、选材结构、语言加工等方面,每一个环节的作用不尽相同,但无大小之分,不能用寥寥数语表述完全。在此,本书主要从"写作结构""写作主题"两个方面进行探究,兼涉部分审题环节,借此和写作者进行交流,如此,写作者便可以和众人同行,一来增加交流探讨的机会,二来可得到相伴鼓励的情意。与此书同行,一路寻找,一路探索,一起走向写作的芳草地。

目录

结构篇

"起承转合"式结构

004　散步	014　慢一点，又何妨
005　走过那个拐角	016　踏向阳光
006　走过那个拐角	018　成长路上花正开
008　真的不容易	020　街角的那束光
010　真的不容易	022　您也是英雄
012　慢一点，又何妨	024　荷虽败，韵犹在

"一线串珠"式结构

026　流淌在岁月里的声音	037　那一碗清香
027　筷子的故事	039　秋来满树桂花甜
029　花开于心	041　开在心中的花
031　春天·粮食·幸福	043　慢一点，又何妨
033　有一种甜	045　明月·母亲
035　满院丝瓜满院香	047　背影

"时间推移"式结构

049	乡愁	059	坚定信念
050	品味幸福的味道	061	流淌在岁月里的声音
051	流淌在岁月里的声音	063	等待是一件好事
053	慢一点,又何妨	065	实现梦想
055	与雏菊一起奔跑	067	有你陪伴的日子
057	诚信在侧,坦途在前	069	我重新认识了他

"双线并行"式结构

071	开在心中的花朵	077	风的记忆
073	风中的《兰花草》	079	和玉兰相约夕阳下
075	开在心里的花	081	尘埃未落定,奔跑趁年华

"三江汇流"式结构

083	我的天空	091	味道
084	流淌在岁月里的声音	093	真的不容易
086	我的青春宣言	095	成长回眸
087	慢一点,又何妨	097	为自己赋能
089	慢一点,又何妨		

主题篇

一己情感

101	真的不容易	112	最动听的声音
104	等待	114	你的馈赠,点燃了我
106	等待	116	开在心中的花
108	我心中有一粒种子	118	文火慢炖,炖出生活清香
110	流淌在岁月里的声音	120	偷得浮生半日闲

成长励志

122	等待下一次成长	132	心中有你,让我心沐阳光
124	在困境中奔跑	134	心中有你,让我懂得惜时
126	慢下来,等一等	136	你的馈赠,点燃了我
128	最动听的声音	138	最动听的声音
130	挂着眼泪的笑窝		

家国情怀

140	做一颗爱国的种子	144	最好的作品
142	我是如此热爱地球	146	走过那个转角

文化传承

148	真的不容易	158	这样的衣着
150	未来已清晰可见	160	就这样埋下一颗种子
152	我心中的宝藏	162	慢一点,又何妨
154	线描	164	长知识了
156	就这样种下一颗种子		

地域文化

166	我是如此地热爱那抹绿	174	上海的美
168	我是如此地热爱故乡	176	写廊坊
170	窗外	178	慢一点,又何妨
172	这里,我写下美丽的诗行		

审题篇

审题步骤点拨

2023 年部分省(区、市)试题审题分析

188	【天津】	188	【上海】

189 【河北】
189 【河南】
191 【安徽】
192 【福建】

193 【海南】
195 【广西】
196 【吉林】
197 【广东】

结构篇

如果把写作比作建造房屋，那么结构就是房子的整体框架，不同的房屋要搭建不同的框架。写作就是要根据所写的主题内容，选择合适的结构来搭建叙事框架，达到内容与形式的完美统一。现实中，很多同学写作时既没有列提纲的习惯，也不懂谋篇布局，拿到作文题目，想到什么就写什么，写完后才发现文章思路不清、详略不当、毫无章法。本书针对这一问题，梳理了常见的五种写作结构，并配以相应的学生习作，供写作者借鉴。

结构分类

关键词	"起承转合"式	"一线串珠"式	"时间推移"式	"双线并行"式	"三江汇流"式
	起点入题	一条彩线	正向反向	明暗两线	三个片段
	承续接写	多则材料	时间推移	交相辉映	组合成文
	转点言他	有序串联	展现历程	丰富内容	不同角度
	合而为一	突出主题	记录成长	直指中心	同一主题

"起承转合"式结构

起承转合,是中国古代诗文写作的基本方法。元代范梈在《诗法》中说:"作诗有四法:起要平直,承要春容,转要变化,合要渊永。"由此,"起承转合"四字意解为:起——平直,平实简洁;承——春容,宏大畅达;转——变化,波澜起伏;合——渊永,深长隽永。

比如崔颢的《黄鹤楼》——

> 昔人已乘黄鹤去,此地空余黄鹤楼。
> 黄鹤一去不复返,白云千载空悠悠。
> 晴川历历汉阳树,芳草萋萋鹦鹉洲。
> 日暮乡关何处是?烟波江上使人愁。

这是一首七言律诗,全诗四联,依次为"起承转合"的一个层次。"昔人已乘黄鹤去,此地空余黄鹤楼",首联扣题,从神话传说落笔,是"起";"黄鹤一去不复返,白云千载空悠悠",颔联紧承首联来写,是首联的延伸,为"承";接下来,颈联转写登楼所见明丽之景,诗人也从怀古之思中回到现实中来,是非常明确的"转";尾联"日暮乡关何处是?烟波江上使人愁",以抒情作结,是对全诗的"收",也就是"合"。

其实,大到一个王朝的建立、繁盛、败亡,小到一个事件的起因、发展、高潮、结束,都逃不出"起承转合"的规则。对于个人而言,每个人的成长并不是一帆风顺的,成长的过程也可能是艰难坎坷的,所以运用"起承转合"的结构来成文,就达到了内容与形式的完美统一。

考场作文有一定的局限性,首先有字数限制,要在规定字数内把一件事叙述得详略得当;另外,作文内容要积极向上,传递正能量,这就决定了我们在考场作文中的基本思路是制造波澜,低开高走,运用起承转合式结构来成文,也符合了袁枚"文似看山不喜平"的要求。

起即开始、起因;承既要承接上文,又能为下文作铺垫;转是事件或情感的波澜,是高潮;合是收束全篇,是升华,好文章的"合"一定意义深刻、主旨鲜明。下面来看莫怀戚的《散步》一文。

散 步

莫怀戚

我们在田野上散步：我，我的母亲，我的妻子和儿子。（开头：交代人物、地点、中心事件）

母亲本不愿出来的；她老了，身体不好，走远一点儿就觉得累。我说，正因为如此，才应该多走走。母亲信服地点点头，便去拿外套。她现在很听我的话，就像我小时候很听她的话一样。（起：散步的背景，为下文我顺从母亲的意愿作铺垫）

天气很好。今年的春天来得太迟，太迟了，有一些老人挺不住，在清明将到的时候去世了。但是春天总算来了。我的母亲又熬过了一个严冬。

这南方的初春的田野！大块儿小块儿的新绿随意地铺着，有的浓，有的淡；树枝上的嫩芽儿也密了；田里的冬水也咕咕地起着水泡儿……这一切都使人想着一样东西——生命。

我和母亲走在前面，我的妻子和儿子走在后面。小家伙突然叫起来："前面也是妈妈和儿子，后面也是妈妈和儿子。"我们都笑了。（承：散步之初看到的景物和发生的趣事）

后来发生了分歧：我的母亲要走大路，大路平顺；我的儿子要走小路，小路有意思……不过，一切都取决于我。我的母亲老了，她早已习惯听从她强壮的儿子；我的儿子还小，他还习惯听从他高大的父亲；妻子呢，在外面，她总是听我的。一霎时，我感到了责任的重大，就像领袖人物在严重关头时那样。我想找一个两全的办法，找不出；我想拆散一家人，分成两路，各得其所，终不愿意。我决定委屈儿子了，因为我伴同他的时日还长，我伴同母亲的时日已短。我说："走大路。"

但是母亲摸摸孙儿的小脑瓜，变了主意："还是走小路吧！"她的眼睛顺小路望过去：那里有金色的菜花、两行整齐的桑树，尽头一口水波粼粼的鱼塘。"我走不过去的地方，你就背着我。"母亲说。（转：散步中发生了分歧，我决定顺从母亲的意愿，但母亲作出了让步）

这样，我们就在阳光下，向着那菜花、桑树和鱼塘走去了。到了一处，我蹲下来，背起了我的母亲，妻子也蹲下来，背起了我们的儿子。我的母亲虽然高大，然而很瘦，自然不算重；儿子虽然很胖，毕竟幼小，自然也很轻。但我和妻子都是慢慢地，稳稳地，走得很仔细，好像我背上的同她背上的加起来，就是整个世界。（合：一家人的温馨和睦）

以一篇学生习作为例：

走过那个拐角

行驶在回家乡的路上，车窗外阴雨绵绵，密密地织成层层薄纱，笼住远处的山林，也掩住了我心中的方向。几缕烟随风而舞，更显得缥缈朦胧，斑驳了山，烦心事也随风而散。（起：描写天气和心情）

我的作文在比赛中得奖了，全家人欢欣雀跃，可我却在喜悦的浪潮中变得骄傲自大，听不进老师和父母的作文指导，好句积累也只是应付了事。长此以往，我的作文水平不进反退，犹犹豫豫许久也只能写出些平淡的白话，可我却倔强地视若无睹，依旧每天浑浑噩噩过日子，最终，我在名为"骄傲"的迷宫中迷失了自我。苦涩爬上心头，想到自己越来越厌恶曾经最爱做的事，我无力又迷茫。（承：交代内心苦涩迷茫的原因）

驶过一个拐角，一片金黄牵回了我的思绪。我眼前一亮，金灿灿的稻田如海浪荡漾，稻穗如一位位身披黄衣的朝圣者虔诚地向天地万物鞠躬。忆起农民伯伯曾把一粒粒种子镶嵌进泥土里，然后种子载着秋收期盼冲出黑暗，拥抱光明。等到温柔多情的南风一吹，青涩的稻穗就连了天。大雁南飞，秋风席卷凉云，泥土的芬芳在蒙蒙秋雨中酝酿。眼前的稻穗深深地弯着腰，垂着头。半载岁月，时光教会了它谦虚，为它褪去了青涩惹眼的绿，换上成熟稳重的黄，让它低下了原本高昂的头，向孕育它、养育它的自然万物表达感恩。秋风如一双手抚摸着稻穗，金色的海洋上下起伏，那是丰收之舞。越是谷粒饱满的稻子就越深垂着头。丰收的谷粒，如爆开的爆米花，颗颗圆润，十里飘香，"稻花香里说丰年"，弯腰伏地的稻证明今年是个丰收的好年。而我也恍然：稻子越是长得饱满，就越垂头弯腰；而人越是学识渊博，就越应谦虚。稻亦如此，人若再骄傲自满，又当情何以堪？只有空虚者才总是高昂着头。（转：看到饱满的稻穗低垂弯腰，思想发生变化）

人生的旅途中并非只有和煦的阳光才是风景，暴风骤雨也不失为一段可贵的经历。也许当我再回忆起那个无知的自己时会失笑，但我已走过了心中的拐角，绕过骄傲便是谦虚。（合：走过拐角，收获谦逊）

秋风轻拂，眼前的稻海依旧金黄，而我的心也已被染得灿烂一片。

起承转合式的结构并不是一成不变的，而是根据写作需要进行变化的，比如前后情感态度的变化、转折点的变化、写作重心的变化等，这就要求我们在运用此结构的同时慢慢摸索，最终达到灵活运用的程度。

习作示例

走过那个拐角

夕阳的光辉如乱针般飞散,拉长了那个背着如灌了铅般沉重书包的身影。玻璃碎片扎进手心的疼痛还在,提醒我这并不是一场普通的梦。

玻璃水杯落地的声音犹在耳畔,回头却只看见她毫不在意的笑脸。扫帚不知被谁拿走了,我只能蹲下来捡起一块块碎片。耳根被灼烧的烫,没有同学的帮助,没有朋友的关心,只有掌心的伤口殷红,刺眼。

这个年纪的孩子,一场欺压、一份孤独便是活脱脱的灾难,它带来的创伤难以治愈,抚平。放学后的校园,空空荡荡,偶尔有几个不着急回家的学生从我身边掠过,巨大的孤独感把我包裹起来,我一时间竟分不清是世界太大,还是我太小。我感觉到自己被推进了一个拐角,极力逃避着拐角另一端的未知,却被身后的声音逼迫着前进。

走出校门,前方不远处便是一排新栽的树木。它们年龄尚小,还要依靠几根木棒的支撑才能长大,树干上随处可见小孩的涂鸦。与路对面强壮的白杨相比,它们显得柔弱不堪。它们太小了,难怪会被小孩子们选中,成为涂鸦的对象,我不禁为它们而叹息。

但,那一树树碧绿的叶片映着夕阳,所反射出的光使我眼前一亮。风没有偏见,抚过每一片新叶,发出沙沙的响声。涂痕没有阻止它们生长,它们依旧努力。等到它们长大了,变得粗壮,孩子们再也够不着那白净的树皮,亦无法留下幼稚的涂鸦。

那么,我也要像它们一样了,努力向前奔跑,把影响我的一切甩掉,甩在身后。毫无顾忌地向更远的地方跑吧!迎接我的,将是阳光明媚的另一边。我攥紧拳头,暗暗下定决心,要在期中考试赢过那个女孩。赢了,就不会被看不起了。我紧了紧书包,走过了那个拐角。

自己的努力融合了时间的神奇,两年后我再见到那个女孩时,往日的种种如同老去的蒲公英,一吹就散去了。我成功摆脱了以前的阴影,只是,过去的我,究竟要用多大的勇气,才能化解玻璃碎片切割的疼痛!想起来,竟有些欣慰。

如果能给过去的自己写封信,我想告诉她,她走过了那个拐角,拐角的另一边果真如她所想,阳光明媚,风景正好。

习作点评

　　文章思路清晰,"起承转合"的行文结构自然流畅。小作者叙写了生活中遇到的不幸,从玻璃碎片扎进手心的疼写到内心的孤独和恐惧,又巧妙地借助被涂鸦的小树不断向上生长的形象,找到了前进的方向。结尾以给过去的自己写封信的形式,宣告自己已经走出阴霾,看到了阳光,表达新颖、独特。少年的心,敏感又坚强。走过那个拐角,也是走过了一段成长之路。

思路梳理

动动笔,写一写上面文章的行文思路吧!

_____
_____
_____

真的不容易

　　球场上,双方正进行着激烈的争夺,每一次的运球和传球都显得格外小心。此时,篮球正在我的手中,没有什么比这更令人紧张的了!篮筐附近没人防守,如果现在突进,三步上篮,胜利在望,我仿佛已经听到了欢呼声。可是,事与愿违,我并没有投进,球擦着篮筐飞出去了,我们也因此输掉了比赛。看来,三步上篮并没有我想得那么容易。

　　这只是篮球课上的练习赛。和我一队的同学并没有言语责怪我,但他们的眼中充满了抱怨和失落。那眼神像刀子一样深深地刺痛了我的心,比受到责备更加让我感到愧疚。我在心中暗暗决定,一定要练好三步上篮!

　　此后,我每一次上课都会提前练习,每一次下课都找老师请教。日复一日的练习,说不反感,那是假话。练习时往往会出现各种各样的问题,实在烦了,我就用力地把球向墙角丢去,一屁股坐在地上,盯着篮筐,脑子里乱糟糟的,像一团解不开的毛线。在恍惚中,我突然想到了自己的初心——热爱。我爱每一次拍球带来的震动感,每一次投进球带来的成就感,每一次传球带来的紧张感。是啊,我是因为热爱而站在篮球场上的,这样的我,怎能轻言放弃!

　　不知过了多久,篮球比赛终于来临。对面的三个选手都围着我那个持球的队友,我上前接应,示意队友向我传球。接过球,我没用一丝犹豫,用假动作晃过一个人,两个人,三个人,看着面前的防守空位,我自信地迈出左脚。"一、二、三,上篮!"我在心中默念。最后一秒,所有人都抬起头看着那个在篮筐上旋转的球。"一定要进啊!"我默默祈祷着,终于,篮球颤颤巍巍地跳进了篮筐,我们赢了!

　　投进了,这是偶然,也是必然。这个进球是多么不容易,只有我自己知道。我抱着篮球,再次向篮筐投去,那篮球映着阳光,在天空中画出了一道优美的弧线,稳稳地跳进了篮筐中。是对篮球的热爱,使我坚持下来,使我投进每一球。我知道,保持这份最纯真的热爱,真的不容易!

习作点评

　　文章开篇便把读者带入一种紧张的氛围中,没投进的三分球,让"我"和队友输掉比赛,更让"我"意识到三步上篮的不容易,而后面的反复练习和坚持练习更是不容易。自己的"初心"就是那个"转点"。小作者用细腻的动作描写和心理描写,紧紧围绕"真的不容易"这一主题展开写作,带着读者感受练球的艰辛和坚持的困难。结尾句"保持这份最纯真的热爱,真的不容易"深化中心,写出了少年对成长的感悟。

思路梳理

动动笔,写一写上面文章的行文思路吧!

_____
_____
_____

真的不容易

　　淡而又淡的云丝勾着浅白，浮在苍穹之下。银装素裹的山峦，模糊了苍茫的轮廓，陡峭的雪道沟壑纵横。东方天宇之上的朝阳，将无边雪色勾勒，与四处峰峦邂逅一场苯锦的光芒。

　　第一次滑雪，在经过漫长的训练后，我与教练一起登上了真正的雪道。站在坡上，与之前一样，我始终无法在雪上驻足，双手用尽力气撑住雪杖，才算草草停住。没了支撑便会向下而去，我难以控制，冷风刺骨，教练被我"连累"，与我一起"极速俯冲"。在她的拼命刹车下，我们勉强在低坡停住。我想，本以为滑雪学学就会，没想到这么不容易啊！

　　再次尝试，我仍刹不住，滑行速度却放慢了些。下半段时，我独自滑行，教练在旁边对我喊："快！注意脚！快减速啊！"阻力使我不受控制，风中穿梭的我已觉身体渐渐倾斜。所幸，滑到了底部，我也刹住了。我的表现比刚才好了点，再来；又一次，又好了些；慢慢地，我已能平稳滑完雪道。

　　再次出发时，起初一切顺利，正暗自喜悦之时却突然偏航，速度割裂风声，我毫无准备地侧摔在雪道上。板与鞋摔开，我靠着惯力继续向下，直至坡度变缓。

　　我的腿撕裂般疼痛，传遍全身。周围没什么人，一只雪板还停留在我脚下，而另一只在雪面上静静立着。我扶着头盔撑起身体，抬眼向着那高不可攀的山巅望去。暖靛行云之下，茫茫大地之上，高峰一如既往矗立。那一刻，恍惚间，我又想起自己站上高点、征服雪道的初心——那是我坚定不移的信念。我意识到该重新爬起，继续再来。摔了又何妨，怎可轻言放弃？

　　我踉跄着拿回雪板穿好，再次登顶，重新来过。脚踩熟悉的地方，闭上眼，念着刚才的心之所想，我顺着雪的指引向远方而去。我极力控制，腿部又是一阵钻心的疼，北风如细针般刺在我未戴防护的脸颊上，我却一刻不敢松懈。终于，我成功了！

　　我激动地转身，向上望去，做出欢呼的动作，随之，翻涌的泪水夺眶而出。像漂泊的旅人越过艰难险阻终至路的尽头，挫折也终将被克服。这一切，真的不容易！

　　生活中，我们同样会遇到难以克服的难关，它会给我们带来跌宕与伤痛，但当我们拼尽最后的热血，不愿放弃，行至尽头，得到的永远是磨炼出的那坚定的意志。

习作点评

　　作者开篇用景物描写营造氛围,"陡峭的雪道沟壑纵横。东方天宇之上的朝阳,将无边雪色勾勒,与四处峰峦邂逅一场茶锦的光芒",这个句子暗示了后面情节的发展。"我扶着头盔撑起身体,抬眼向着那高不可攀的山巅望去""想起自己站立高点、征服雪道的初心",就是文章的"转点"。文章立意深刻:虽然历尽艰辛,但不轻言放弃,勇敢面对,得到的永远是磨炼出的坚定意志。滑雪如此,生活亦如此。

思路梳理

动动笔,写一写上面文章的行文思路吧!

_____

_____

_____

慢一点，又何妨

夏末的鸣蝉在树枝上低唱，午后的阳光透过窗子洒在了书桌上，那一张铺开的宣纸和一支毛笔，构成了一幅优美的画卷。

我坐在书桌前轻轻吸了一口气，抬手拿起蘸过墨的毛笔。笔尖在柔软的宣纸上慢慢地滑动着，勾勒出一个又一个漂亮而舒展的字。我不紧不慢地临摹着书上的字体，金色的阳光洒在身上，像一件金色的毛衣。

那是一个下雨天，我的手握着笔杆，在宣纸上笨拙地写着，笔下出现的字歪七扭八，一篇又一篇，我开始浮躁了起来，想着赶紧写完，不想再面对这些可怕的字。可越是这样想，握着毛笔的手就越不听我的使唤，写出来的字像柴草垛一样，令人无法直视。在写完第七篇之后，我把毛笔扔在桌子上，叹了口气，不愿再写。

父亲在身后笑了起来："写书法就是要慢下来，静下心来观察观察例字，像你这样浮躁是写不好书法的。"说完，父亲离开了房间，留下我一个人在那里思考。

我脑子里开始放映父亲写书法的样子。父亲写书法时，从来不让我们打扰，一写就是四五个小时，甚至一天，好像这个世界里除了他和书法再也容不下任何东西。父亲总是一遍又一遍地临摹那些字，似乎不知疲惫，也不会厌倦。而我仅仅写了半个小时，就已经沉不住气了。想到这里，我不禁有一丝惭愧。"深呼吸，慢下来。"我在心里给自己打气，努力寻找例字和自己的字的差别，拿起笔，看着书，慢慢地写着。笔尖在纸上跳跃着，舞动着，盘旋着，墨迹在纸上晕开，一笔一画地描绘出了独属于我的美丽画卷，笔肚轻按，笔尖慢挑，颜筋柳骨，气质非凡。我拿起印章，轻轻蘸取朱红的印泥，慢慢地压在纸上，将那枚红色的小方块印得均匀又艳丽，与黑色的墨迹相映生辉，我完成了我的作品。

窗外的鸣蝉依旧不紧不慢地叫着，我的心却异常宁静，如一汪清澈的潭水。是啊，浮躁让人心生烦恼，静心却让人走向成功。放缓脚步去完成一件事，真的很有成就感，慢一点，又何妨？

习作点评

　　文章按照"起承转合"的结构展开。开篇的环境描写与结尾的环境描写遥相呼应，写出了小作者练书法时由浮躁到静心的过程。父亲的出现和他的话语，就是那个"转点"。小作者善于观察生活，也善于运用色彩，用细腻的笔触描绘出了一个练习书法的宁静世界，从而突出主题。

思路梳理

动动笔，写一写上面文章的行文思路吧！

慢一点，又何妨

夏日的阳光照得人睁不开眼，风也是热热的。可我却希望时间能停留在此刻，走得慢一点，再慢一点。

中午吃完饭，本想躺下小睡一会儿，可奶奶不知道怎么了，非要下去遛弯儿，我装没听见似的继续闭目养神，但家里人这时候都干着自己的活，硬是叫我陪着去，我虽有些许不情愿，但还是应了下来。

蓝天映衬着白云，春天走得太快了，只有树下几片发黄的花瓣，能代表她真的来过。看着小区池塘新放的水，冒着墨绿的枝叶，树干上蜕下的蝉壳，好像每一个夏天都来得那么快，我希望可以慢一点，让我细细体会万物所发生的变化。

奶奶的腰不好，站不直，我只能用两只手搀扶着她，有时候她使不上劲，总是抓着我的衣角。我问她："您扶着我的手不就行了吗？"奶奶老是笑着说："我个子没你高，还是抓着你衣服最得劲儿。"所以，每次陪她外出回来，我的衣角都是皱的。

我终究还是抵不住正午的困意，脑子里开始混沌，不清醒，心情逐渐烦躁。看着奶奶上一个小坡花了好几分钟却也没走多远，我忍不住说了句："能不能快点啊。"我没有意识到自己说了什么，但能感觉到奶奶的步子明显快了些。

我站在坡的顶端，看着奶奶蹒跚的步伐逐渐加快，好像即将摔倒。我赶紧跑过去，扶住奶奶，奶奶也习惯性地抓住我的衣角。一老一少，在阳光下散步，那太阳倒很是懂事，将我的影子投下，映到奶奶身上，将奶奶那弱小的身躯覆盖住，让奶奶能凉快一些。不知何时，我抬起头看了一眼奶奶，那满头的银发，满脸的皱纹，难以直起的腰，让我不禁回想起几年前她的样子。我突然意识到，奶奶老了。

我们在外面走了很久，谁都没有先向家门走去，夏日暖暖的风拂过我的发丝，奶奶也很享受的样子。就让这祖孙之间的时光过得慢一点，让奶奶在我身边的时间久一点吧，即使衣角被揉皱，即使慢一点，那又何妨？

习作点评

文章按照"起承转合"的结构安排材料。从一开始不情愿陪奶奶遛弯儿,到后来倍加珍惜祖孙之间散步的悠闲时光,是什么改变了小作者的想法?是"我"突然意识到奶奶老了的那一刻。这就是文章的"转点"。结尾的反问句,既点题又引人思考,成长的感悟就在此处呈现出来。

思路梳理

动动笔,写一写上面文章的行文思路吧!

踏向阳光

今年的秋天比往常要冷得多,寒风掠过,卷起一地落叶。寒潮之中,初二生活便向我走来。

时间快得像不存在一般,飞逝而过,身在其中的我像被推进学校的小孩子,怯懦地想往后退。事实却毫不留情地告诉我,我必须成长。

我去了一家奶茶店,几分钟后,便捧着一杯热饮站在了店门外。饮料的暖意隔着杯子传递到手心,温暖而舒适。望向面前繁华的街道,人来人往,我显得如此渺小。脑海中的声音叫喊着,让我逃避成长。人啊,想要躲开不愿意面对的事物,一直是那么正常。可最终,人与人的差别之一就在于是否能勇敢面对一切。

寒意再度袭来,我不禁打了个寒噤,向后退了一步。微微抬起头,直到阳光刺进我的眼眶时,我才注意到,今天是个晴天。短短几秒内,我的视线扫过街道,天空,最终回到了脚下。

我吃了一惊。在阳光的照射下,店铺屋顶的投影将地面一分为二,泾渭分明。细细的分界线割开了阳光与阴影,一半明朗,一半阴沉。随着时间的推移,阴影被不断压缩,在这场争斗中,阳光明显占了上风。而此时的我,正立在阴影处,只需一步就能踏入阳光。

我幡然醒悟,成长又何尝不是这样呢?贪恋舒适圈是人的天性,只是阳光所及之处,便会投下阴影。画地为牢,拒绝前进,就只能眼睁睁地看着阳光一点一点将阴影吞噬殆尽,只能接受故步自封带来的后果——被迫长大。阳光使人睁不开眼,此时的我们往往忽略了,早点动身,便能踏向阳光。

阴影悄无声息地又后退了一小步。的确,生活就是如此,很多你觉得很遥远的事,就在某一刻出现在面前。或许令人措手不及,令人手足无措,想要逃避。但此时的"逃"不是向后躲,而是往前跑,努力地、拼命地往前跑,把想要躲避的甩在身后,再回头对曾容纳过自己的阴影说一句"谢谢"和"再见"。于是,突如其来的成长就不再难以接受。

我不再犹豫,踏出了阴影。我知道,前方等待我的是属于自己的阳光。而我要做的,就是接受成长,踏向阳光。

习作点评

从"怯懦地想往后退"到"我不再犹豫,踏出了阴影",是什么让小作者幡然醒悟呢?找到这个问题的答案,你就找到了这篇文章的"转点"。成长总在一瞬间,作者对阳光与阴影的那段描写就是开启心智的钥匙。走出阴影,走到阳光下,就是走出生活的舒适圈,走到成长的大路上。

思路梳理

动动笔,写一写上面文章的行文思路吧!

_____
_____
_____

成长路上花正开

放学路上,阴云将眼前的方寸天地紧紧裹住,本就惨白的天又被胡乱抹上几把灰,云密密地压下来,归鸟纷乱,鸟啼凄厉,连空气都闷闷的。我四处走,想寻一份宁静,可暗色的天让我看不清路,也看不到心中的曙光。

我正漫无目地走着,抬眼,忽看到一抹粉红。温柔的粉,热烈的红,在无尽的灰暗中显得分外耀眼。我又惊又喜,快步走向那引人的艳丽。然人未至,香先迎,原来是一家店窗前种了丛水培的郁金香。

这丛郁金香真是明艳动人!翠绿的茎叶,托着粉红的花瓣,茎笔直,叶也有卷有舒,绒毛在茎叶上卧着,嫩得可爱。郁金香舒展着它娇艳的花瓣,浅粉色的花瓣边镶嵌着红,随风一摇一摆时竟有些透明,恍若琉璃,又如身披纱衣的姑娘,让人无端生出许多怜爱。毛茸茸的花蕊,在花瓣的掩映中闪着光。花香盈袖,郁金香的香味没有玫瑰那般热烈,也不同于荷花的淡然脱俗,只是幽幽而若隐若现的。微风袭来,一丛郁金香就聚在那轻声呢喃、摇曳生姿,花香也在空气中酝酿得愈发浓烈。

这水培的郁金香虽不像别的植物长在土中,却比土培的更胜一筹,水也将郁金香衬得更加灵动。我心中震撼,不知怎的想起自己面对他人优秀表现时的羡慕,想起用尽心力却无人关注时的自卑,想起盲目跟随他人节奏却手忙脚乱时的滑稽……

几缕阳光穿过阴云将我唤回,眼前的郁金香被阳光泡软,嫩得透明,好似婴儿的肌肤,我的心也变得透明开朗起来:对于郁金香而言,水培抑或是土培,都不影响它心无旁骛地成长,哪怕旁边有更艳丽的花,有更高大的树,也不妨碍它安静地待在原地,不羡慕,不嫉妒,专心于自己的成长。人与人也许成长方式不同,但只要朝着自己的方向,持之以恒地努力,何尝不是一种杰出?

踩着别人脚印走路的人,永远不会留下自己的脚印。不必行色匆匆,不必拘泥于他人成就,只需专心做自己。

烟云消散,漫天阳光中,郁金香仍在风中顾盼生辉,我踏着花香走向回家的路。

习作点评

本文采用了"起承转合"式结构,起笔是心情低落、找不到方向的"我","看不清路,也看不到心中的曙光"。一丛郁金香让"我"眼前一亮,紧接着是对郁金香的细致描写,再由物及人,想到自己"用尽心力却无人关注时的自卑""盲目跟随他人节奏却手忙脚乱时的滑稽"……是郁金香让自己的心变得透明开朗起来,于是懂得了"专心做自己"才是成长的方向。结尾的留白,值得回味。

思路梳理

动动笔,写一写上面文章的行文思路吧!

街角的那束光

"唉,真是'要命',不该玩这么晚的!"我一边蹬着自行车,一边在心里嘀咕着,刚才和同学一起打篮球的兴奋劲儿早已被无边的黑夜吞噬得无影无踪。

进入幽深僻静的小巷里,树木的黑影好似一双双魔爪,垃圾桶静静地立在路旁,像一块块沉默的墓碑。诡异的风声撞击着我的耳膜,那声音如小孩在哭泣。我神经紧绷,濒临疯狂的心脏随时都可能破胸而出。

我拼命地踩着自行车踏板,心里只有一个念头:快点到家!为了壮胆,我嘴里开始哼唱《好汉歌》。快了,就快了,拐过前面两个弯就到家了。想到这,我的屁股早已离开座椅,几乎是站在自行车上狂蹬。

随着一句"风风火火闯九州啊",我来到了路口。"吱——"的一个急刹车,一片明亮的光扑入我的眼帘,随即洒得满身都是。

啊!是那位卖夜宵的老人。这位老人在这一带出夜摊已经有一年多了,经常有加班到很晚的人路过,坐在小摊前,来一碗馄饨,抑或是一个烧饼、一碟小菜,热乎乎地下肚,驱走一天的疲劳。此刻,老人正站在那片暖黄色的灯光下擦拭着操作台,修剪整齐的花白头发在风中微微飘动,宛如一面银色的旗帜。身前的围裙虽有些破旧,但干净整洁。

那一刻,我感觉自己仿佛获得了新生,所有的恐惧顿时烟消云散,一颗悬着的心也终于落了地。我提高嗓门跟老人打招呼:"爷爷,这么晚了还没回家呀?"老人一边忙着手里的活,一边转过头来说:"就快了,就快了。"随后,我跟老人告别,往家的方向骑去。突然,一束灯光从身后传来,我回头一看,原来是卖夜宵的老人把他头顶的那盏灯转过来为我照路。他的脸上挂着微笑,冲我点点头,示意我继续走。那一刻,我分明看到老人的笑脸灿烂如花。我转过头,这灯光就像一条金色的小溪,哗啦啦地流向前方,一直到路的尽头。我骑着自行车走在这条"黄金大道"上,就像沐浴在温暖的阳光之中。

几年过去了,我总能回想起街角猛然亮起的那束光,带给我温暖与力量,伴我在遍布善的花朵和爱的芬芳的道路上前进,一路向阳,一路欢畅!

习作点评

　　文章思路清晰,情节跌宕起伏。一个因贪玩而晚归的少年,带着恐惧行驶在回家的路上,又因为街角卖夜宵的老人带给他的灯光而获得温暖与力量。不难发现,卖夜宵的老人头顶那盏灯就是整篇文章的"转点"。本文描写细腻,语言生动,第二段作者对环境的描写和第五、第六段对人物的刻画是本文一大亮点。

思路梳理

动动笔,写一写上面文章的行文思路吧!

_____

_____

_____

您也是英雄

初夏的阳光透过树叶间的缝隙,斑驳地洒在地上,不停地晃着我的眼。我在人流中匆匆骑着车,和往常一样赶往书法班。

麻木地停在红绿灯路口,我叹了口气,今天的书法班似乎距我格外遥远。我虽已反复练习那幅作品,却仍像一个初学者一般,将字写得歪歪扭扭,大小不一。面对着自己的无能,我的心略有动摇,似乎想要放弃。微风拂面,光影斑驳,使我无故增添了一份怨气。恍惚中,眼前闪过一个抱着巨大毛笔的身影。"是谁呢?"我在心底暗自发问。随着好奇心的驱使,我环顾四周,向他走去。

穿过人流,避开柳树晃动的枝丫,我在一小块空地上见到了他:灿烂的阳光照在他厚实的臂膀上,反射出耀眼的光芒;经过了岁月的冲刷,他的脸上布满了皱纹。那支毛笔,经过了清水的洗涤,光鲜亮丽,如同全新的一般。笔尖柔软,笔杆挺直,没有丝毫损坏的痕迹。

老人以地为纸,以水为墨,在那一小片空地上创造着属于自己的书法天地。他将手臂甚至全身的力量汇于笔尖,让笔尖在地面上跳跃着,或轻或重,或缓或急,如同一个潇洒的舞者在酣畅淋漓地跳着,行云流水,一气呵成,洒脱不羁。

"老爷爷,我从来没有见过您,您是专业的书法老师吗?"趁着他休息,我赶忙凑近问他。

"小姑娘,我只是单纯喜欢书法,因为喜欢,无论阴天还是刮风,我都会来这里练字。退休这几年,我都离不开我这个老伙伴喽。"他说着,便轻轻拍了拍那支笔。

老人的话一下子击中了我,他喜欢书法什么呢?是喜欢一黑一白的相互映衬,还是喜欢笔尖飞起的飘逸洒脱?是喜欢笔尖滑过地面的丝滑,还是喜欢无人打扰的悠然?是啊!因为喜欢而去做,因为喜欢而坚持,这是对自我多么勇敢的坚守!

这一瞬间,我对他肃然起敬,因为单纯喜欢而坚持不懈,因为由衷热爱而风雨无阻。无论如何,都是做了一件了不起的事。

笔锋忽而一转,如同雨点洒落在湖面,荡起涟漪。老人再次扬起笔,和着阳光,画出一道优美的弧线。

谢谢您,老爷爷,是您的热爱给我以启迪,您在我的书法世界中如同一个英雄,让我能够重拾热爱。虽然您很平凡,但您是无名英雄。

习作点评

何以英雄?唯有热爱。这看似简单的领悟,却是小作者精心构思的结果。文章按照"起承转合"的结构展开,从学写书法的不如意起笔,写自己想要放弃。小作者在去书法班的路上遇到以地为纸、以水为墨练习书法的老爷爷,从他身上看到了热爱与坚持,从而意识到为一件自己喜欢的事做到长久热爱与坚持就是英雄。与此同时,自己也找到了坚持下去的勇气。英雄无名,却能让"我"成长。

思路梳理

动动笔,写一写上面文章的行文思路吧!

_____

_____

_____

荷虽败，韵犹在

又是一年晚秋到，山寒水瘦，整个世界一派肃杀凄冷，就连池塘边最美的荷花也衰败凋零，走向生命的尽头。

我坐在池塘边看着那几株残荷，回想起绘画考级的失利，独自黯然神伤。水中枯萎的残荷似也知晓我的失落，低垂着头默默不语。老天似乎也被我的心情感染了，开始下起毛毛雨。我忙躲到亭子中，兀自徘徊。雨淅淅沥沥地下着，空气中弥漫了些雾气，我的心情也变得湿漉漉的。

此时的池塘，幽静沉寂。再看那残荷，一簇簇抱头而立，连水中的倒影也在随风摇曳。荷叶早已变得枯黄、破烂，茎脉似阡陌纵横，颜色斑驳陆离，深浅不一，尽显沧桑，凋零是它们必然的归宿吧。一枝荷，想它的夏天，荷叶如盖，亭亭玉立，如今也没了盛夏时的意气风发，再也不能让人为之驻足。

不想，在细雨的映衬下，柔美的残荷轻拂身姿，以水为镜，依旧淡然、从容。"小荷才露尖尖角，早有蜻蜓立上头"是一种清新浪漫之美，但谁又能说夕阳问归舟、淡月照残荷的意境不是另一种美呢？历经凄风冷雨的打击，枯萎的只是花朵，绝不是那饱满的生命。衰败残缺的背后，分明存在着一种隐隐的力量。那是怎样的生命之美啊！是任凭风吹雨打，仍深植泥沼的顽强不倒；是不介意旁人眼光，专注自我的清风雅韵。在这将冬未冬、秋尽未尽之际，哪怕身形憔悴枯槁，哪怕昔日繁华落尽，残荷，用从容与倔强书写着生命中最后的绚丽一笔，如诗如画，别有韵味。

我的心头不禁一颤，得意时淡然，失意时坦然，不正是残荷风骨的写照吗？人为何有时不如一株花呢？走在高峰就春风得意？走在低谷就萎靡不振？低谷并不可怕，可怕的是人的心态。如若能像残荷一般，面对困境，多一份从容，多一丝倔强，也许就会是另一番景象吧，我的心境瞬间豁然开朗。

再次望向亭外，阴雨已渐渐退去。天空放晴，残荷的影子映在水面上，似一幅带有珠光的水墨画。

荷虽败，韵犹在。

习作点评

文章结构清晰。起笔便是荷叶衰败凋零的肃杀凄冷,正好映衬"我"绘画考级失利的失落。接着写残荷的枯黄、破烂与"我"的落寞心情。"转点"是"我"看到残荷衰败残缺却又在细雨中淡然从容。接下来由物及人,写心境豁然开朗。语言干净简练,文笔优美,富有表现力。结尾简洁,蕴含深刻哲理。

思路梳理

动动笔,写一写上面文章的行文思路吧!

"一线串珠"式结构

"一线串珠",就是以一条主要线索贯穿全文,将几则分散独立又彼此关联的材料串联起来,形成一篇文章的写作方法。

运用"一线串珠"法,首先要有一条美丽的彩线,即行文线索,这条彩线既可以是情感的触发点,体现文章主旨,又可以贯穿全文。至于其具体内容,则可以是一个具体的事物,也可以是一个细节,如一个眼神、一句话等,还可以是一件事或一种情感。

有了线,还要有珍珠,也就是材料。由于考场作文的字数限制,我们一般围绕线索选择二则或三则材料。选用时可能不是完整的事件,而多是集中描写片段、场景、镜头或画面等。它们彼此独立存在,又存在一定联系,还要有一定的层次性,个个像珍珠一样耀眼夺目。

有了线,有了珠,就要按顺序串珠了,从而使线和珠成为一个有机的整体、一篇完整的文章。至于材料的安排,可以按照时间顺序、空间顺序或逻辑顺序来进行,或者结合描写的侧重点展现不同美感,最后实现材料之间在立意上的层层递进和步步深化。

下面我们来看一篇教师下水文:

流淌在岁月里的声音

惊醒的瞬间,我竟然忘记了自己身在何处。小窗外正飘着一朵云,那云嵌在湛蓝清澈的天上,再加上窗框,太像一幅挂在墙上的画了。刚刚,<u>坐着小板凳靠着妈妈的病床,我不自知地睡着了</u>。床上的妈妈动了一下,我赶紧起身,问:"<u>妈,有事吗?我在。</u>"

妈妈生病住院已经10天了,那日她的晕倒吓得我魂飞魄散,还好救护车到得很快,还好有邻居帮忙,虽然爸爸远在外地,<u>还好有我在。</u>

握着妈妈皱纹纵横的手,我一点儿也不敢用力,连日的输液已经让这只手"千疮百孔"、青紫相加。妈妈的呼吸渐匀渐弱,这是又进入了梦乡。我握着她的手一动不敢动,也不敢再睡。望着窗外的那朵小云,它也变换了姿势。恍惚中,我想起了那个秋日的深夜,也是这样充满消毒水的味道,也是这样雪白的墙壁和走来走去的护士。深夜住院的我没有床位,病床只好被暂时安排在楼道里。输液加难受,让漫漫长夜十分难熬。我在梦中不安稳地一动,惊动了守在身边的妈妈。她就是用这双温暖的手,一只握着我输液的手,一只抚着我的头说:"<u>睡吧,我在。</u>"那时的我也就五六岁吧,妈妈的声音从来都是心灵深处最温暖的所在。

岁月流淌,炎炎七月。虽然经过了无数次的预演,但是当真的高考来临之时,我还是禁不住忐忑。妈妈跟着我骑车到了一中考场。马上就要开门放行了,站在门外的我靠着她的肩膀,想说个笑话缓解一下气氛,可一句话也说不出来。妈妈还是用她的手握住我,紧了紧,那力量里有着无限的坚定与安慰,她说:"<u>去吧,我在。</u>"

岁月的流淌,竟似恍惚中的轮回,曾经给过我深深慰藉的声音,在我的生命中回响。那些艰难的时刻,那些迷茫的时刻,那些倍受打击想要灰心的时刻,抑或是得意忘形的时刻,我的耳边总会有一声"我在"响起……多少次深深地觉得,无论我走得多远,摔得多疼,妈妈始终是我心灵的归处。

眼前,是沉在梦中的妈妈。她嘴角挂着的微笑就像窗外的那朵小云拂过我的心。我用手轻托住那只输液的皱纹纵横的手,心中默念:"<u>妈妈,我在。</u>"

以一篇学生习作为例:

筷子的故事

窗外群星闪烁,火树银花;窗内灯火通明,欢声笑语。妈妈和婶婶在厨房里忙着准备年夜饭,奶奶已经把那套朱漆的筷子摆上了桌。

看着已经上桌的糖醋鱼、红烧肉、四喜丸子……我控制不住自己肚中的小馋虫,那氤氲的热气对我来说,是极大的诱惑。我一下接着一下地吞着口水,本打算拿起筷子偷偷夹点儿尝尝,这时爸爸坐在我旁边说:"'或饮食,或坐走。长者先,幼者后'是什么意思?"我脸上一热,连忙说:"我就是闻闻,等大家都坐过来再动筷。"爸爸投来赞许的目光,笑着去扶爷爷了。

一双筷子,是餐桌上的教科书,教会我明礼数、有教养。

年夜饭开始了,奶奶的筷子在我面前飞快地跳动着,不一会儿,我的碗里就堆得像小山一样,她每天都这样照顾着我的饮食。只见她边给我夹了一个鸡翅边说:"祝我大孙子学习进步、展翅高飞。"我也赶忙给奶奶夹了一块鱼肉:"奶奶,您吃这个!祝您年年有鱼(余),长命百岁。"奶奶顿时笑靥如花,洋溢着喜悦与欣慰:"来来来,大家尝尝这个四喜丸子,新的一年喜气洋洋、团团圆圆!"

一双筷子,是爱的使者,传递着祖孙间的疼爱与感恩。

婶婶开始教三岁的小堂弟用筷子了。堂弟噘着小嘴,气呼呼地嚷嚷:"用勺子就好了,筷子太难学了。"婶婶说:"中国人都是用筷子吃饭的,所以中国人心灵手巧,饭吃到嘴里也会更美味哦!"听到这话,堂弟来了精神,小手颤颤巍巍地分开两根筷子,吃力地夹起一片菜叶,结果却掉了下来。他不死心,再次尝试,夹起菜叶,张大嘴巴,放入口中。那兴奋而满足的样子真是可爱极了。"真棒,这么快就会了。""新的一年学新本领了啊!"大家忍不住鼓掌夸赞。

一双筷子,是一次考验,更是中国人的文化传承。

一双筷子,承载了浓浓的亲情;一双筷子,传递着浓浓的祝福;一双筷子,蕴含着浓浓的年味;一双筷子,传承着悠悠的文化。

"过年喽!"窗外鞭炮齐鸣,焰火依旧……

微点评:本文以"筷子"为线索,按照时间顺序记叙了发生在除夕夜的三件事情,通过小小的筷子传递着明理知礼、感恩反哺、文化传承的立意,层次递进,步步深化,最后突出一个共同的主题:和睦温馨的节日生活。本文结构严谨、中心突出,熠熠生辉。

"一线串珠"式在运用之初,最好只设置一条明线;灵活运用之后,你会发现此结构还可以和之前讲过的"起承转合"式并用,设置情感变化的暗线,有虚有实,或明或暗,跌宕起伏。

习作示例

花开于心

我和外婆的故事,是从花下开始的。

——题记

风在时光的胶卷中裁下剪影,幼童顽皮,握着一枝花满院疯跑,银铃般的笑声震落枝头点点梨花,落英缤纷。外婆坐在台阶上,眼底含笑,酒窝漾起。彼时,花开,人长久。

那年外婆就在梨树下,摘了一筐又一筐的花,做了一盒又一盒梨花酥,却总爱送给邻里。我怕自己吃不到,便号啕大哭,她拍着我的头,笑着说:"放心,最香甜的那份给你留着呢!"说着,便拿出一盒塞到我手里。我乐呵呵的,吃得满嘴都是,沁凉的风夹着梨花香,月亮散着清辉,氤氲着整个春。花开于心,洋溢宠爱。

她总爱在视频里跟我唠叨:"记得照顾好自己啊!"外婆用轻柔的语调,颤颤的略微高的尾音,像在吟一首清亮的歌谣,夹杂着一些乡音的味道。她总爱比画着我的身高,说我在一天天地长大,她在一天天地变老。也许是思念露了馅,一日,我突然收到了一份来自家乡的包裹,打开,一排排罐头排得整整齐齐,一瓶瓶盛满了橙蜜色的秋梨膏。"丫头,知道你爱吃梨,寄鲜的怕坏,做成梨膏,你好冲水喝。"小小的纸条跌入眼眶,歪扭却认真的字迹被晕染开来,只剩下一片模糊的光影。我笑着,仿佛也看见了外婆的笑,那笑里有着满树的梨花,千万个春天。花开于心,充盈牵挂。

残春将至。刚下学的我突然被擒到外婆的小院,梨树仍立在那里迎着我,可却不见了外婆的身影。我呆站在树下,泪如泉涌。手机上外婆的信息还停在前天,照片上的梨花像是春天的温柔,长满了枝头。风在时光的剪影中拾取回忆,少女蜕去顽皮,撷下一枝花静立院中,低微的啜泣声悲落枝头点点梨花,落红无数。台阶上空无一人,再无笑颜。此时,花开,人不在。

又是一年梨花开,重回到了熟悉的小院,那满院的花开得正盛,像是春天为外婆独下的雪,洋洋洒洒,铺满了整个庭院,盖着天,披着云,安详又温柔。起风了,枝头微颤,抬眼望去,那花似乎又用颤颤的语气和我说:"我一直在你身边。"熟悉的乡音,仿佛那树花,春天般地绽放在心间,弥漫思念。

我想，外婆定是变成了这树花。她说过，去绽放吧，因此，花开遍了天涯海角。

习作点评

　　本文是按照"一线串珠"式结构来完成叙事的。从"花开，人长久"，到"花开，人不在"，小作者回忆了梨花树下与外婆相处的点点滴滴。做梨花酥的宠爱，寄秋梨膏的惦记，外婆的爱从来不分远近。又是一年梨花开，然而小院已物是人非，作者对外婆的怀念也化作漫天梨花，吹落在风中。结尾今昔对比，将感情推向高潮。

思路梳理

动动笔，写一写上面文章的行文思路吧！

春天·粮食·幸福

春天的阳光成桶成桶地泼下来,取之不竭的样子,泼洒到伸着懒腰的荠菜上。有阳光照着,它是幸福的;有荠菜吃着,人也是幸福的。

一老一少,蹲在土地里,寻找着为数不多的荠菜。微风轻轻吹过,混合着泥土的清香和荠菜的芬芳,在空气中弥漫着。

我用手奋力地刨着微微湿润的泥土地,一点一点地挖出了一棵完整的荠菜,嫩绿色的茎叶,波浪形的嫩叶微微摇摆着,晃动着。奶奶蹲在我身边,用娴熟的手法,轻轻刨开根部的泥土,揪住叶子,转几圈,再轻轻一拽,荠菜从泥土里蹦了出来。奶奶择去根部的泥土,放到袋子里。"奶奶,您怎么挖得这么快?""小时候闹饥荒,只能挖野菜吃。"

奶奶告诉我,在他们小时候,闹过一次饥荒。那时,大风吹起黄土,漫天飞扬。孩子们在漫天的黄土中,在地上摸索着,寻找着野菜。不知过了多久,摸索到一片裹满土的叶子,便一把抓住,蹲下一看,荠菜!孩子们赶紧刨刨周围的土,转两圈,一拔,抖抖荠菜上的土,就赶紧跑回家,让家中的大人把荠菜跟谷糠熬成粥,咕咚咕咚地吞进肚里。口中的苦味弥漫,但他们并不觉得苦,而是清爽的味道,是当时的美味。能吃到荠菜,就是当时最幸福的事了。

蹲在地上,我学着奶奶的样子,把荠菜一棵一棵地拔出来,择去泥土放好。不一会儿,我们就摘了满满一大袋,带回家中。

奶奶用灵巧的双手将荠菜剁成馅,包成饺子端上桌。我赶紧夹起一只放入口中,让荠菜的苦味在唇齿之间弥漫,难道这就是饥荒时代的味道吗?大概是吧。我又夹起一只,放入口中细细品味,那荠菜渐渐变得清爽起来了。苦味渐渐淡去,我也渐渐明白了这来自饥荒时代的美味。荠菜不好吃,因为我们有了更好的选择;荠菜好吃,因为它来自那个被人忘却的时代,可能这就是时间带来的距离感吧。

同一份来自野地里的荠菜,那草木原香的味道其实没有变,变了的是人们对食物和幸福的理解。难怪每年春天,我家必要品尝这份美味,那是奶奶从前的幸福,也是她期许着我们更珍惜眼前的幸福。

阳光温暖,牛奶般地流动着,流进了春,渐渐将荠菜包裹起来。我撵起一块,细细咀嚼着。每一份美食,每一缕阳光,都值得倍加珍惜啊。

习作点评

　　文章采用"一线串珠"式结构。一棵小小的荠菜串起了奶奶的童年记忆和"我"的幸福时光，同一份来自野地里的荠菜，诠释了不同年代里幸福的不同意义，更让"我"懂得了珍惜。文中挖荠菜和吃荠菜的细节描写，细腻生动。倒数第二段的议论抒情，点明中心。

思路梳理

动动笔，写一写上面文章的行文思路吧！

有一种甜

有一种甜，荡漾在嘴里，弥漫在心里，让我永远无法忘怀，因为那藏着独属于我的记忆。

老家的后院种着几棵山楂树，姥爷从不管它们，任凭它们肆意生长。每年的秋末，树上就挂满了红彤彤的山楂果，那果子就像一个个长满麻子的红脸小孩，笑嘻嘻的。我和几个兄妹，在山楂树下跑来跑去，把摘下的山楂用衣服兜着，咬上一口，酸溜溜的。

摘完山楂，我们就跑到田里找到姥爷，缠着姥爷给我们做糖葫芦。姥爷总是会说："行，等姥爷干完农活，就给你们做糖葫芦！"我们便乖乖地坐在一旁。过上一会儿，便问行了吗，姥爷总是说马上。就这样反反复复，姥爷终于干完活了，我们欢呼雀跃，一路上像小麻雀一样叽叽喳喳，讨论你吃多少我吃多少。姥爷会说："都给你们吃！"这时，哥哥会急忙站出来说："不行，算上姥爷，平分！"姥爷慈祥地笑着说："行，平分！"道路上传来老人和孩子们打闹的笑声。

到了厨房，只见姥爷熟练地将山楂洗好，放在盆里，然后将山楂切成两半，取出果核，再用竹签将山楂穿好。接着姥爷开始熬糖浆了，他轻轻地转动锅子，使白色的糖和油充分地融合。油温渐渐升高，白色的糖逐渐变成琥珀色，在锅里冒着小泡泡。姥爷麻利地拿起穿好的山楂，在锅里轻轻蘸了蘸，"啪""啪"地摆在案板上，再撒上白白的芝麻，山楂就穿上了星点透亮的衣服。那味道，甜甜的又带着一股芝麻香，真是让人垂涎三尺，陶醉其中。

我立刻拿起一个咬了一口，大喊着："好烫！"姥爷笑着说："刚出锅，急什么，晾晾再吃！"我点着头，嘴里却仍在吃着。"慢点吃，慢点吃，不够再做，管够！"姥爷慈祥地看着我们，眼里闪着疼爱的光芒，笑意更浓了。看着姥爷的笑容，我心里有了一种无法名状的甜甜的味道。

如今多年已过，回去的时候渐渐少了。但到了秋季，我仍会到老家看看那几棵山楂树，尝尝姥爷做的糖葫芦。那股甜，荡漾在嘴里，弥漫在心里，让我永远无法忘怀。

习作点评

　　几棵山楂树,一串糖葫芦,串起了"我"的童年记忆。姥爷不辞辛苦,耐心为我们这群小孩子做糖葫芦的场景让人无法忘怀,那甜甜的味道让人回味无穷。文章线索清晰,感情真挚。这一种甜,是对童年的回味,是对姥爷的思念,更是对姥爷给予"我"的爱的一种懂得和领悟。

思路梳理

动动笔,写一写上面文章的行文思路吧!

满院丝瓜满院香

奶奶家的院子里种了一些丝瓜,秋风吹来,院子里就爬满了丝瓜藤。

深绿色的藤,顺着架子努力向上攀爬,生出浅绿色的叶,宽宽大大,密密麻麻,把架子绿了个水泄不通。叶子上布满许多小绒毛,摸起来毛茸茸的、痒痒的。丝瓜开出明黄色的花儿,一朵挨着一朵,在阳光下娇滴滴、明艳艳的。花朵们与蝴蝶嬉戏,与蜜蜂耳语,在飒飒秋风中,在艳艳秋阳中,酝酿着满院的丝瓜香。

不久,丝瓜就长出来了。它们头上顶着黄花,探头探脑地躲在绿叶中,怯怯地打量着这个陌生的世界。终于还是忍不住了,很多小丝瓜开始大大方方地垂落在藤架上,身躯变得细长而弯曲,似袅娜的少女的身姿。再看这个小院,被藤蔓掩映,被黄花点缀,被瓜香溢满,别有一番情趣。初秋的黄昏,奶奶和邻居们在丝瓜藤下聊天乘凉,我们小孩子们就在丝瓜藤下嬉戏打闹。奶奶家的丝瓜长得好、结得多,每次摘下后,总要送给左邻右舍,让他们也尝尝鲜。

八月份,天气潮湿炎热,我身上起了一片密密麻麻的红色的小痱子。奶奶摘下几片丝瓜叶,用清水洗干净,捣烂取汁,用棉签蘸取汁液轻轻地为我擦拭脖颈和额头,我顿时感觉清凉舒服多了。奶奶说:"别小看了这些叶子,它的作用可大了,可以消炎止痒。"

当我没有胃口,吃不进去饭的时候,奶奶便会给我做家里的"传统大菜"——丝瓜虾仁汤。奶奶洗净丝瓜,先拿刮皮器从头到尾缓缓地把皮刮下,熟练地切成滚刀块;再把两个鸡蛋加少许盐打散,煎熟盛出;最后在锅里放入植物油,把准备好的虾仁两面煎至变红,加入三碗清水煮沸,放入丝瓜和煎好的鸡蛋,再加入葱花,淋上少许香油即可出锅。丝瓜虾仁汤散发出清甜诱人的香气。丝瓜清爽爽、甜滋滋的,入口即化;虾肉又弹牙又有嚼劲,带着那微甜鲜美的味道,唇齿留香。再喝上一口香喷喷的汤汁,味道更是妙不可言,令人胃口大开。奶奶总是满脸笑意地望着我,映着满院的丝瓜香。

满院丝瓜满院香,香在岁月里,香在流年里,也将美味和真情香在我的心间。

习作点评

　　满院的丝瓜,满满的回忆。丝瓜架下嬉戏打闹,丝瓜叶为"我"消炎止痒,丝瓜虾仁汤诱人开胃,作者以"丝瓜"为线索回忆了三个场景。小小丝瓜,承载了"我"童年的欢乐,家人的关爱。这种"一线串珠"式结构,让文章内容丰富,中心突出。第二段对丝瓜藤和丝瓜花的描写,细腻生动,充满美感。

思路梳理

动动笔,写一写上面文章的行文思路吧!

那一碗清香

清晨,我洗漱完毕,准备迎接属于我的那一碗清香。

走到厨房门口,看到母亲系着她的淡蓝色围裙在里面忙碌着。案板上放着一个西红柿,几片油菜叶,一根小葱和一个鸡蛋,旁边的炉灶上正烧着小半锅清水。随着水温的慢慢升高,锅底开始出现细密的小气泡,亮晶晶的,像一颗颗袖珍玻璃球热热闹闹地挤在一起,偶尔有几颗淘气地跑上来,可刚一到水面,便嬉笑着炸开了,消失得无影无踪。

锅里的水开了,大大的水花从锅底翻滚起来,似温泉在喷涌。先前放入的西红柿丁大部分都已融化,只剩几个"顽固分子"还在"惊涛骇浪"中拼命挣扎。母亲从袋子里抽出一小把挂面,垂直地立在开水中,一撒手,挂面纷纷向四周散开倒下,宛如一朵硕大的菊花开放,简直精美绝伦。母亲用筷子轻轻搅动,那些"花丝"刚才还倔强地挺立着,一转眼,都顺顺溜溜地蜷缩在了锅中。锅里的开水也因挂面的到来逐渐平息,可能是怕吓坏了这些"客人"吧。

母亲先用勺子舀了一些面汤倒进早已放好调料的碗中,刹那间,各种调料的混合香气迸发出来,没等我去闻便直接窜入了鼻中,似淡还浓,让我忍不住吞了一口口水。接着,母亲将锅中的面条挑起慢慢放入汤中,又将一颗水煮蛋一切两半放在上面,一碗香喷喷的清汤面就做好了。

我坐在餐桌前看着这碗面,清澈的面汤,银丝般的面条,几片嫩得掐得出水来的油菜,几滴琥珀般晶莹透亮的香油,黄白相间的水煮蛋,星星点点的翠绿小葱花,光是视觉效果就令人震撼。这哪里是一碗清汤面?分明就是一件艺术品!我低下头先喝了一口汤,清淡可口,我又情不自禁地夹起一绺面放进嘴里,爽滑筋道,一口下去,浑身都暖洋洋的。在母亲眯起的笑眼的注视下,在这四溢的面香环绕中,我将整碗面狼吞虎咽地吃完,连汤都没剩,直吃得汗津津的,那叫一个满足。

这清汤面,平淡自然,清新纯净。而这面汤,最清淡,却也最浓郁,正如母亲那温暖的关怀。细细品味,那一碗清香,不就是醇厚的爱的温度,不就是浓浓的亲情的味道吗?

我
们
的
写
作
课

> **习作点评**
>
> 　　细细品味,那一碗清香的汤面,不正是文章的线索吗?"我"与母亲的日常,因一碗清汤面而变得如此让人回味。文章描写细腻,从烧水到煮面,从上桌到入口,作者调动多种感官,从视觉、听觉到味觉,又借助多种修辞,写得充满美感,母亲对孩子的爱也在这字里行间满溢出来。

思路梳理

动动笔,写一写上面文章的行文思路吧!

_____

_____

_____

秋来满树桂花甜

"一年秋意浓,十里桂花香。"又是一年深秋时,不禁忆起故乡童年。

老家门前的桂花开了,花香肆意飘荡,沁人心脾。我贪图这风中的丝丝甜味,便抬头撷一片金黄,那一缕馥郁的桂香就停留在了掌心。整个大院沉浸在桂花的香气中不肯醒来,小孩子是最爱桂花的。男孩子们纷纷撸起裤脚,嘴一咧,脚一蹬,手一攀,便猴儿似的蹿到树上。"我开始摇啦!接住!"伴随着一阵树叶的沙沙声,桂花细碎绵密如星子般落下,落在这片土地上,落在手中的竹篮里,也落在了这些孩童们的发间。大人们在一旁看着小孩们在嬉笑,嘴角不禁跟着上扬。

回到家,外婆便分拣起采回来的花瓣。她笑盈盈地告诉我,新鲜的花瓣用来泡茶,剩下的,则用来做些桂花糕。

围起围裙,挽起袖子,一双略带皱纹的大手在水池里清洗着桂花,清澈的水上好像缀满了繁星点点,染了她一身金黄。洗好后,外婆就把满篮桂花拿到太阳底下晾晒,待到它们成为干桂花,才是极好的。

几天后,桂花晒干水分,她便将桂花取回来,忙不迭地到厨房开始煮牛奶与椰汁,两者在小锅里沸腾着,浓浓的奶香萦绕在鼻尖。外婆让我搅动着椰奶,而她则将糯米粉与黏米粉混合在一起,筛些糖粉,搅拌均匀。只见外婆将我搅好的椰奶缓缓倒入碗中,筷子不断搅动成絮状,再用手揉搓成粉,不紧不慢,缓缓将粉过筛在模具中,用木棍轻轻压个凹槽将豆沙馅放入,将它们盖住,再撒上干桂花。最后,盖上蒸垫,放好蒸板,送进了蒸笼。等到蒸好时,揭开盖子,满屋清香。

抹上些许桂花酱,我细抿一口,味道便在舌尖荡开,不是那种腻人的甜,而是带着点花香的软糯清甜。抬眼,外婆正眼里含笑地看着我:"怎么样,我的手艺还不算退步吧。"我频频点头,即便嘴里含着桂花糕,手却颇为认可地给了她一个赞许。

如今,我远离故乡,但那抹桂香早已润在心底。门前桂花,繁密依旧,将童年藏入一块桂花糕,镌刻成永恒的回忆,伴我成长。

我心深处是桂香,桂香深处是我家。

习作点评

　　一缕桂花香,串起"我"的童年和故乡。本文采用"一线串珠"式结构展开回忆。写童年的"我"和小伙伴们采桂花、看外婆做桂花糕,以及品尝桂花糕的往事。作者善于描写,采桂花的麻利与欢乐,外婆做桂花糕的耐心与细致,"我"品尝桂花糕的用心与幸福,都描写得极富画面感。亲情这一主题,也在"桂花"这一线索下萦绕开来。

思路梳理

动动笔,写一写上面文章的行文思路吧!

开在心中的花

　　盛夏的微风裹挟着蝉鸣袭来,一阵花香不知从何处来,扑了满面,目光寻至窗外,阳光如金粉荡漾,却见窗外一丛白茉莉迎着微风轻盈摇曳,一瞬摇进我心田。

　　蝉鸣聒噪又经久,却亦有一番盛夏的宁静。这时一声悠长的"磨剪子,铓菜刀——"回荡在巷子里,宁静被这独特的吆喝声打得四分五裂。"咱们家刀钝了,你下楼去找人磨磨。"妈妈说完,递给我一把用黑塑料袋紧包着的刀。

　　午后阳光正慵懒,细细倾泻在我身上,惹得人昏昏欲睡。找了好久,都没见到老人。想来也是,谁在这么热的天做这么不起眼的工作呢? 不知不觉走到楼后小巷子,浓郁的花香在空中弥漫,我抬眸寻去,心里一阵错愕,以为是什么芳香艳美的花,赫然是那丛白茉莉。

　　我先前觉得茉莉花是极不惹眼的,今日得见却是驳了我的念想。它那娇小玲珑的花瓣点缀在枝头上,层层雪白,有的尚含苞,有的早怒放,小巧精致,却是一番独特清雅。它于夏风里芬芳,芳香侵入我心房。蝉鸣似是那淡雅幽香的伴奏,而那磨刀的老人,正埋头在茉莉花丛边磨刀。

　　那老人约有七十岁,一身米白布衣下一双古铜色的大手,手背有几处皲裂开来,指腹生了很厚的老茧。他磨完手里的刀,接过我的,看了看,放了石板上,随意把刀按在石板上,动作却沉稳又娴熟,我知道那是岁月的沉淀。只见刀贴着石板上下移动,发出"嘶嘶"的声音,磨得飞快,动作堪称行云流水,我近乎移不开眼。果真是我错了,这份工作怎会平常不起眼呢? 这也是一份老手艺啊! "这么热的天,您可够辛苦的!"老人和善地笑了,道:"没什么,总有人需要这门老手艺啊!"我心头一颤,瞥见身后茉莉迎风荡漾,恰似微笑,老人也在笑。阳光多活泼,细细流过他脸上每一道皱纹,带着茉莉的芳香溢满我心海。笑容漫开去,漫开去,融入阳光中,融入身旁的白茉莉,最后分不清哪是茉莉花,哪是他的笑了。

　　老人如这白茉莉般清新淡雅,沉稳又淳朴,开在盛夏,却也开出自己的芳芬,开在我心中。

　　茉莉清雅依旧,夏风也热烈,眷恋地带去一片芬芳,播撒于世间。蝉鸣出盛夏,鸣出我心里的芬芳。

习作点评

　　文章题目是《开在心中的花》,作者以"白茉莉"为线索,刻画出磨刀老人坚守一门老手艺,虽不惹眼,却沉稳淳朴的形象,由此让我懂得,平凡人也可以如花一般,默默散发属于自己的芬芳。开篇点题,将白茉莉的形象写入心里;接着细致描写茉莉花的形态,烘托磨刀老人的形象;然后花人合一,点明中心;结尾又回到对茉莉花的描写,首尾呼应,升华主题。

思路梳理

动动笔,写一写上面文章的行文思路吧!

慢一点，又何妨

"粽子香，香厨房。艾叶草，香满堂。柳枝挂在大门上，出门一望，白菜野花，遍地黄，风送花儿香。"端午临近，粽子飘香。

姥姥开始包粽子了，先把三片粽叶叠放在一起，卷成漏斗状，放一个蜜枣在底部防止漏米；再放入糯米、豆沙和蜜枣；接着用余下的粽叶把口封住，拿一根马莲草缠绕在粽子上，打一个结。转眼间，一个丰满有型的粽子便包好了。

看见姥姥包得那么娴熟，一旁的我早已迫不及待了。我抓起三片粽叶，顺手一卷，就开始往里塞馅儿。啊！不好！馅儿全漏出来了！"唉，真难包！"我不禁有些泄气了。姥姥说："慢慢来，别着急，心急吃不了热豆腐。"在姥姥的鼓励下，我学着她的样子，叠放好粽叶，卷成漏斗状，小心地捏在手里，再慢慢地放入糯米、豆沙和蜜枣，盖上粽叶，捏紧，缠绕好多余的粽叶和马莲草……我的粽子成形了！我兴奋地端详着我的杰作，不禁感慨，真是慢工出细活！

姥姥把粽子拿去煮了。"姥姥，多久才能煮好啊？""这粽子啊，要慢慢煮呢，别着急。"我看着锅上渐渐升腾起了白汽，氤氲着整个厨房。粽叶的香气弥散出来了，渐渐地混着糯米的清香，丝丝缕缕，缕缕丝丝，挑逗着我的味蕾。我忍不住想打开锅盖瞅一瞅，姥姥走过来轻轻敲打着我的手，笑眯眯地说："不能打开啊，耐心等着，好饭不怕晚呢。"

粽子终于出锅了，带着满满的香气。我轻轻拨开青绿色的粽叶，乳白色的糯米露出来了，几颗深红油亮的蜜枣嵌在其中，就像玲珑剔透的玛瑙。我轻轻地咬上一口，糯米软糯清香，红枣甜蜜入喉，两种味道混合着，唇齿留香，让人忍不住想大咬一口。"慢点吃，慢点吃，别烫着。包粽子要慢，慢工出细活；煮粽子也要文火煮，得耐心地等，做任何事都不能贪快。"姥姥边捞出粽子，边碎碎念着。

姥姥的碎碎念，一声声、一句句印入我的脑海。是啊，每一种美食，都需经过时间的酝酿，才能散发出它本身的香气。慢，是一种追求、一种享受、一种智慧。人生何尝不是如此呢？在追求精致的路上，慢一点，又何妨？

习作点评

本文思路清晰,结构完整。作者以"粽子"为线索,写"我"和姥姥包粽子、煮粽子、吃粽子的生活往事。每一个场景里都有姥姥一句普通却富有生活哲理的话:"慢慢来,别着急,心急吃不了热豆腐""耐心等着,好饭不怕晚呢""慢工出细活……得耐心地等,做任何事都不能贪快"。这一句句充满生活智慧的话语,就在小小粽子的串联下娓娓道来。小作者由此懂得了"人生何尝不是如此呢?在追求精致的路上,慢一点,又何妨?"

思路梳理

动动笔,写一写上面文章的行文思路吧!

_____

_____

_____

明月·母亲

母亲无暇去看一看明月,明月却有暇欣赏母亲。

——题记

  窗外,一个黄色的大月亮低低地悬挂着,有着人间烟火的味道。想着今年第一次没和刘女士一起过元宵节,不禁觉得有些可惜。

  早上起来的时候,桌子上的饭已经凉了,盘子底下压着一张胡乱画过的纸,上面是刘女士大气磅礴的字:锅里有馒头。我知道她很早就走了,去工作,可还是忍不住犯嘀咕:"今天正月十五元宵节,又不让人歇。"

  我给她发了微信,告诉她要戴好口罩,要及时洗手,问她带没带免洗的洗手液。她一直到下午才回我,告诉我口罩戴好了,带了洗手液,还有一个笨拙的中老年表情包,上面是一个大月饼,写着"中秋快乐"。我看着笑了半天,告诉她今天是元宵节。一晚上,我都在无聊地刷着手机。一篇篇有关疫情的报道,一天天激增的感染人数,搞得我心里空落落的。

  时针指向了十一点,窗外的月亮从苍茫的人世间越升越高。想起刘女士还没吃元宵呢,我匆匆地开了火。刚刚煮的元宵破了几个,软软糯糯的,红豆和黑芝麻混着糯米的清香在空气中弥漫着。

  门"咚咚咚"地响,我忙去开了门,只见刘女士裹着寒气撞进了家。我叫她换鞋洗手摘口罩,等着吃元宵。结果我都盛完元宵了她也没弄完,我问她在干什么,她过了好一会才说,她在摘口罩。我刚想过去笑笑她这么大个人了,连口罩都摘不下来,就看见她偏着个头、飘飘忽忽地过来了。

  我看见她口罩上的绳子和头发缠在了一起,混着颈后一层薄薄的汗,还有一点盐粒子。我不知道直接摘会不会疼,就拿了剪子一点一点给她剪开。她想拦我,说她明天还要戴的。我问她:"单位不是有吗?口罩用过了就脏了。"她迷迷糊糊地说:"给你攒点,你上学戴。"我鼻子一酸,想哭,吸了吸鼻子,跟她说:"没事,剪了吧,我不用。"我看见口罩下面是她擦着粉底还遮不住的苍白的脸。她说今天去县里了,检查疫情防控效果。她说话时又懒又慢,像是《疯狂动物城》里的树懒"闪电"。我匆匆地对她说:"你吃吧,我去睡了。"进了自己的房间,我的泪来了。

  我再推门出来,看到她歪在沙发上睡着了,桌子上是那碗没吃完的元宵。月亮又大又圆的,泛着暖人的金黄,撒了一层金屑子在刘女士身上,不偏不倚。

习作点评

　　文章围绕"明月"这一线索展开。开篇的题记,让人眼前一亮——母亲总无暇,明月却有心。本文按照时间的推移,写早出晚归的妈妈,因为工作不能在家过元宵节,"我"在月亮的陪伴下,看到了妈妈的辛苦,看到了妈妈的爱,也看到了妈妈身上闪光的奉献精神。表面看上去是明月记录着妈妈的辛劳,其实,妈妈也是一轮明月,照亮"我"的心。结尾的画面描写,充满静谧的美感。

思路梳理

动动笔,写一写上面文章的行文思路吧!

背　影

落日的余晖浸染着夕阳的最后一抹酡红,天仿佛一个调色板,调出略带伤感的红与满是别离的黄。在生锈的铁栅栏门那边,是我不可忘怀的母亲逆着光的背影。

今年冬天,疫情突然来临,我被"禁足"在了姥姥家。网课开始了。虽然是网课,但同学们私底下大多都在聊天。在电子设备面前,自制力是不管用的,真正听讲的也就那么几个人。

在姥姥家住时,母亲几乎没来探望过我,她前一阵说自己嗓子疼,后来又总说忙,再忙能忙得过医务工作者? 连到姥姥家看我的时间都没有。直到那天,母亲担心我的体考,给我买了个实心球,才来到姥姥家。

正门查得严,不让外人进,我们便约定好在小区的侧门见面。母亲来了,远远地就看到她戴着口罩,手捧实心球,眉眼间带着笑意,却又写满了难以掩藏的疲惫。隔着栅栏门,母亲边把实心球递给我,边嘱咐我:"回家记得洗手消毒,要多帮着姥姥做家务,上网课的时候要认真,不能因为在家学习就掉以轻心。"我嫌她过于唠叨了,便应付道:"哎呀哎呀,知道了知道了。"母亲这才放心地告诉我,她不来是因为工作的特殊,要进行自我隔离。母亲原来和那些新闻里的医生们一样一直工作在一线,她们支队也一直在高速路口检查外来车辆。怪不得母亲刚才的脚步有些沉重,回想起自己网课期间的应付,我忽然有些愧疚。

相聚的时间只有十分钟,母亲又要出发了。我看见她身着警服,迈着疲惫但坚定的步伐,向夕阳中走去。她的背影逆着光,显得更加瘦小和黯淡,但那却是一个家的分量啊!"老妈,注意安全!"我不禁喊道,可惜有点远,母亲又脚步匆匆。那背影渐渐地在我眼中变得模糊了,我只看见母亲前方那偌大的夕阳,那光辉必定洒落在母亲的脸上,洗去母亲心中的疲惫与无奈。

我并没有为与母亲的再次分别而伤感,反而周身充满了力量。我知道,认真与不认真,只隔着那个背影;我懂得,人生的旅途中,每个人都在负重前行。

体考取消了,中考延时了。忙里偷闲的一个傍晚,我又一次面对那抹金黄,望着夕阳下的一切和它们面朝夕阳的样子,一种似曾相识的感觉萦绕我的心间。不同的是,我的眼前仿佛永远地多了一个背影,无声地激励着我前行。

习作点评

"背影"是本文的线索。一个背影,承载着母亲忘我工作的精神品质、对孩子的殷殷希望和"我"从中解读出来的勇气与力量。特殊时期,一件小事,却因"背影"的联结而变得不平凡。文中三次对背影的描写,借助光线的烘托,使得母亲的形象无比高大。结尾虚写的背影,再次点题,突出中心。

思路梳理

动动笔,写一写上面文章的行文思路吧!

"时间推移"式结构

先来欣赏余光中的《乡愁》。

乡　愁

余光中

小时候
乡愁是一枚小小的邮票
我在这头
母亲在那头

长大后
乡愁是一张窄窄的船票
我在这头
新娘在那头

后来啊
乡愁是一方矮矮的坟墓
我在外头
母亲在里头

而现在
乡愁是一湾浅浅的海峡
我在这头
大陆在那头

1972年1月21日

余光中先生的《乡愁》通过"小时候""长大后""后来啊""而现在"这几个时序语贯穿全诗,从幼子恋母到青年相思,到成年后的生死之隔,再到对祖国大陆的感情,不断发展的情感,逐渐上升,凝聚了诗人自幼及老的整个人生历程中的沧桑体验,使"乡愁"逐渐沉淀出丰富的内涵和表现力。

这种"时间推移"式的结构形式,适合记录一段成长历程,展现心理的成长与心智的成熟,比如《一段_____的旅程》《就这样慢慢长大》等。

以下面的文章为例:

品味幸福的味道

含蓄的清香拂过脸颊,小屋内已是蒸汽缭绕。品一盏香茗,微苦,回甘。回忆起往昔的点滴,品味着幸福的味道。

记忆里的爷爷,总是坐在茶台前,在氤氲的香气中悠悠然地品着茶。那茶的味道淡雅清香,丝丝缕缕,吸引着我爬上他的膝头。爷爷的大手温暖有力,牢牢地把我揽在怀里,另一只手则小心翼翼地沏着茶。懵懂的我,目不转睛地盯着爷爷的茶杯,看那细嫩的茶叶如同小鱼般在水中游动,透明的茶水便渐渐泛了黄,宛如黄色的蜜蜡。"爷爷好棒,爷爷是魔术师!""小鱼们"又慢慢爬上了爷爷的嘴角和眼角,他的眼神里已满是温柔和宠溺。"乖孙子,一会给你煮茶叶蛋吃,好不好?"说着,爷爷把茶杯递到我的嘴边,让我轻轻抿一小口,一丝浅浅的香甜便在我的舌尖荡漾开来。

"茶能明目啊!"爷爷用茶水轻轻拭了拭我的眼睛,殊不知,我还沉浸在那甜甜的茶香里,感受着幸福的味道。

而今的我,一头扎进学业的苦海,已无暇再陪爷爷品茶了。可茶台前依然茶香四溢,热气氤氲。偶尔嗅着茶香,我也愿意小坐一会,卸下满身的疲惫。"茶呀,要细品。"爷爷坐得笔直,小心翼翼地端着茶碗。我有些不解,但还是点了点头,学着爷爷的模样,先用嘴唇抿了抿,喝了一小口,只觉一股热流从口腔进入,顺着喉管慢慢滑进我的五脏六腑。有点苦,我眉头微蹙,看向爷爷。爷爷意味深长地笑了笑:"别着急,细细品。"再慢慢抿上一小口,深吸一口气,一种大自然的清香便在肺腑间蔓延开来。原来苦涩过后,才能迎来久违的甘甜。我眉头顿时舒展开来:"先苦后甘,对吗?"爷爷放下茶碗:"苦尽甘来的是好茶,更是好的人生。"

我豁然开朗,心上的疲惫与浮躁一扫而空。原来先苦后甘才是茶的味道,才是幸福的味道。

爷爷,谢谢您!疼爱在左,启迪在右,走在成长的路上,随时播种,随时开花。是您让我品味到了幸福的味道,原来幸福之花要用汗水浇灌,幸福之果要靠青春守护,幸福之味必是苦尽甘来!

想一想:这篇文章除了采用"时间推移"式结构,还采用了哪种结构呢?

如果我们不按照正向的时间顺序来记叙事件,反其道而行之,就变成了"倒计时"式的结构,边欣赏例文边思考——采用"倒计时"式的结构来叙述事件有什么好处呢?

习作 示例

流淌在岁月里的声音

秋风摇一树萧瑟,落叶坠一片凄凉。自行车铃声传来,我再次下意识转头,便证实了书上的那句话:流淌在岁月里的声音,你永远无法忘怀。

把残缺的记忆碎片拼好,我便看到了我的童年:父母上班忙,奶奶便在我家照顾我。每逢午后,清脆悦耳的自行车铃声如闹钟般准时响起,我便知道,"那个人"又来了!瘦削的面孔,肩胛骨凸起,疲惫的神态却藏不住笑意,眼角的鱼尾纹传递着兴奋。在寒冷的冬天,他裹着寒气进门,搓热了手去摸我的手,嘴唇微微打着战。"我来看看我大孙女。"他总是一边说着,一边从怀里变戏法似的掏出个水果,他周身都是寒的,但那水果总是暖的。那一天一次小惊喜便成了我童年的喜悦,我只沉浸在欢喜和水果的甜蜜中,却不知道,爷爷为了他的宝贝孙女的笑脸,每天骑30里路从农村赶到城里。

上了小学,能陪伴在爷爷奶奶身边的日子也就只有周末了。"丁零零"的自行车铃声是专属于我和爷爷的暗号,每当它远远地传到我的耳畔,我便像打了兴奋剂似的跳下床,往门外疯跑,直到撞上那个高大的身影。"爷爷,我考了第一名!""爷爷,我跑得快不快?"我说个不停,爷爷却只有一句话:"好好好,我孙女真棒,爷爷给你做好吃的。"夕阳西下,小女孩蹦蹦跳跳地走在前面,老爷爷推着自行车不紧不慢地跟在后面,他们的影子被拖得很长,很长……

爷爷被病痛折磨了两年多,一直挺到他的孙女进入初中,才离开人世。

我神情麻木地回到老屋,木讷地看着老屋里的陈设,我的脑海里放电影一样一遍一遍地回忆着与爷爷的往事,脸上却无一滴泪。外面又响起熟悉的自行车铃声,我跑到门外,再无熟悉的身影,我恍然醒悟,泪流满面。

谁说爱无声?我分明听到了那真诚的爱在我生命长河中流淌,只要爱还在,爷爷就从未离开,我会带着这份爱,勇敢地走下去。

提笔,已是深夜,月朗星稀,目中的一切渐渐模糊了,我想,就写到这里吧!

习作点评

谁说爱无声?那熟悉的自行车铃声,不正传递着爷爷对"我"的爱吗?作者以自行车铃声为线索,串起了童年和上小学期间,爷爷对"我"的关心与照顾。爷爷去世了,脑海里那熟悉的自行车铃声仿佛还在响起,就像爷爷的爱,从不曾远去。文章按时间顺序安排材料,线索清晰,感情真挚。

思路梳理

动动笔,写一写上面文章的行文思路吧!

_____

_____

_____

慢一点，又何妨

"慢一点，慢一点啊！"我在心中告诉自己，缓缓摆动手臂，出手，冰壶向前滑去，并稳稳地停在了圈内。那正是我预想的位置，我成功了！

还有两个月——

"两个月后，学校要举行冰壶比赛，从今天开始的量化、光盘、班会课，你们都要来训练。"体育老师告诉我们。滑了一次又一次，手臂的幅度越来越大，出手，冰壶如铁灰色的箭镞一般飞了出去。只听见"咻"的一声，冰壶飞出了有效区，又在木地板上滑了很远才停下。我叹了口气，一次又一次地尝试，但它总是一次又一次莽撞地飞出有效区。一阵下课铃声响起，我带着失望和不甘，回了班，等待下一次的训练。我还需要时间，我知道。

还有一个月——

"咻——"冰壶再次飞出了有效区。"怎么进步这么慢哦！"我叹了口气，不服输地拿起另一个冰壶，蹲到投壶区内，再次滑动，一下，两下，三下……出手了，冰壶再次经过了白区，到达了蓝区，还在缓缓地滑着。终于，冰壶在临近无效时停了下来。"那就再试一次吧，早晚会成功的！"我勉励着自己，又找了几个声音听上去比较闷的壶，一个接一个地投出去，几乎每一个都进了有效区，甚至有几个还进了圈。"丁零零——"下课了。"今天进步有点慢，可是不能急哦，基本功一定要练习扎实了。"我安慰着自己。

还有三天——

在一阵轮子滚动的声音中，我开始了比赛前的最后一次训练，还是先拿了几个沉一点的壶，投了出去，投到了接近白区的位置。我信心大增，拿起了一个灵活的壶，先滑了滑，逐渐缩小了胳膊摆动的幅度，深呼吸，重心下沉，手腕轻轻一发力，那冰壶就如同与我的手有了心灵感应，准确地落到了圈内接近圆心的地方。我开心地原地跳跃了起来，差点摔在冰面上。

比赛当天——

我走上前，俯下身，准备投出全场第一个壶。"慢一点啊，慢一点！"我在心中提醒着自己，缓缓摆动着自己的手臂，尽量让幅度变小，一下，两下，三下……找到合适的力度后，出手。"哗啦哗啦"，一阵清脆的滚轮声过后，深灰色的冰壶变成了一条清晰的弧线，滑得很直，稳稳地停在了圈内。对手也投出了一个壶，他选择了防守。我不敢懈怠，计算了一下摩擦系数，拿了壶，滑动，出手。"不要进圈啊，该防了。"那冰壶就好像了解我的心思，并没有进圈,而是停在我打出的第一个壶的正前方。亮晶晶的冰面上,传来了一阵欢呼声,而冰面也仿佛一面水镜,在灯光的照耀下无数冰粒玲珑剔透,闪闪发光,刺得人眼直发热,我们赢了!

老师说过,冰壶就是冰面上的国际象棋,它热烈而优雅,睿智而从容,高手成功,在于力度和速度的控制,或动或静,取舍有度。所以,要慢慢学,慢慢练习,所有的伟大都是用时间换来的,不是吗?

习作点评

小作者采用倒叙的写法,按照比赛的倒计时写自己练习冰壶的往事。时间一点点流逝,比赛一天天临近,对成功的渴望与练习的慢速稳当似乎形成了矛盾,但正是在"或动或静,取舍有度"的心态调整中,"我"才获得了成功。本文选材新颖,并且能够"以小见大",从生活小事中懂得"所有的伟大都是用时间换来的"。结尾句的反问,发人深思。

思路梳理

动动笔,写一写上面文章的行文思路吧!

_____

_____

_____

与雏菊一起奔跑

溪水只有不停地流淌才能汇入大海,鱼儿只有不停地摆动鱼鳍才能遨游海洋,人只有不停地奔跑才能接近梦想。

六个月前——

我接到了要考级的通知。刚拿到考级的谱子时,我就已经有些恐惧了,谱子上密密麻麻的音符仿佛向我诉说它的难度。我把一些升降音和易错的地方用笔标出来,再一段段进行练习。一起身,我便看见钢琴上摆着一盆雏菊,一个个小花骨朵儿映入眼帘,像小婴儿似的全都蜷了起来。雏菊底部是淡淡的绿色,越往上越白,透过阳光,花骨朵儿里好像有小精灵在昏昏欲睡。

三个月前——

钢琴上的小雏菊已经长了不少了,像一个个害羞的小姑娘似的含苞待放,一阵清风透过窗户吹进来,半开着的花朵随风摇曳,像满天的星星向我招手。我的手轻扶在琴键上,琴声渐渐响起,本应宛如泉水的声音却并不如意,琴声中透露着不熟和错音,沮丧和焦虑的情绪交织在一起。但也没有办法,临近考试,我并没有大把的时间去练习。我暗暗地在心里给自己打气:"相信自己,一定可以的。"

一个月前——

经过了五个月左右的练习,我已经越来越熟练,轻轻触按出一组和弦,弦振动出十分熟悉的声音,从低音滑到高音,绽开一路玫瑰色的风景;又从高音徐徐降落,像散落了一地的珍珠,细碎却泛着光泽。果然,这段时间的努力没有白费。抬眼间便看到那盆雏菊已经开花了,纯白色的花瓣柔嫩又轻薄,一个个傲然地站立在那里,黄色的花蕊像许多漂亮的绒球。我静静地望着它,望着它那独自的芬芳。原来,世间万物都在奔跑。

此时此刻——

我正处在考级现场,琴声如泉水般徐徐响起,指尖在琴键上跳跃,好像有一朵朵耀目的玫瑰次第开放;飘逸出音色的芳香,仿佛有一个白色精灵随声起舞,勾勒出一道美丽的风景线,一曲毕。我已经不在意这次考级的结果了,努力是最好的证明,肆意奔跑才是少年应有的样子。

再次看到钢琴上的那盆雏菊,它已经花团锦簇。

习作点评

　　文章眉目清晰,按照"倒计时"式结构展开叙事。"六个月前""三个月前""一个月前""此时此刻"四个时间段,写"我"为了钢琴考级而努力练琴的过程。雏菊的生长与"我"的进步一路相伴。文章结尾,雏菊花团锦簇之时,"我"也懂得了"努力是最好的证明","肆意奔跑才是少年应有的样子",回扣题目,升华主题。

思路梳理

动动笔,写一写上面文章的行文思路吧!

诚信在侧，坦途在前

小时候，诚信是什么，我不清楚。透过家人的哄睡神器，我看到了《狼来了》《烽火戏诸侯》的悲剧。那时，诚信在放羊小孩多喊了几遍的口号、周幽王多发了几遍的信号中荡然无存。

长大后，诚信是什么，我开始懂得。诚信就是诚实、讲信用，就像骆驼祥子，拉车不欺客，从不因为路近而故意绕路，也不会因为地远就成心拒载。对祥子来说，诚信是他在僻静的地儿拉车时也从容地说价，是他有时不肯讲价的憨实的一句"坐上吧，瞧着给"。而对我来说，诚信就是在考试时专注于自我，不夹带，不偷窥，诚信应考，诚实做人。

后来啊，诚信与我形影不离。小测时，它徘徊流连在我身边，阻止我与旁人交头接耳；周测时，它逡巡踱步于我的周围，防止我的眼神四处飘浮；月考时，它正襟危坐在讲台之上，制止我觊觎他人成果……每逢测验，无论大小，它亦与我并肩作战：沉入考场，专注于试卷，审题，析题，把眼粘贴在试卷上，让手游走于试题间；作答，检查，把心沉浸在字里行间，让笔跳跃在卡上纸里。

对我而言，也许不是每个难题都能迎刃而解，可能不是每次作答都尽善尽美，但抓住能抓住的，完成可完成的，守住诚信，守住本真，对个人来说已然是一个赢家。

而如今，诚信已深深地融入我的血液，流淌于全身。穿越历史隧道，我曾试图向先贤圣哲探求诚信的精髓，有为子杀彘的曾子，有退避三舍的重耳，有立木取信的商鞅。他们三位一个看重言传身教，一个看重大国邦交，一个看重民心根本，看重的东西虽不同，秉持的信念却相同，那就是"诚信以对，方得始终"。

诚然，失信往往是贪图一时之利，而为了这一点点蝇头小利，失去的可能是连城之璧。毕竟，人性无价，人心无界。对己，不做掩耳盗铃之事，不自欺；对人，不做背信弃义之事，不欺人。诚信在侧，坦途在前，走起！

习作点评

　　本文按照"时间推移"式结构展开，小作者仿照"《乡愁》式"的时间划分，从"小时候"写到"而如今"，将诚信在不同阶段的具体含义和"我"对诚信的认识娓娓道来。文章结构清晰，主题突出，对诚信的认知水平随着年龄的增长而不断提升。结尾的议论句"不自欺""不欺人"道出了诚信的本质。

思路梳理

动动笔，写一写上面文章的行文思路吧！

坚定信念

　　小时候，信念并没有清晰的影像，我试着从书中找寻它的模样。但是，它好像附着在花花绿绿的封面上，藏匿在密密麻麻的文字里，只露出了喜欢和好奇的一面。

　　长大后，信念若即若离地出现在身旁，我努力追寻着它的踪迹，直到祥子的出现。他飞奔着跑向我，告诉我他要买车，告诉我只要他一直跑下去就一定能买一辆车，然后他又迅速地跑远。那一刻我看到信念像影子一样紧紧地贴在他的身后，虽然越行越远，却愈远愈清。我禁不住也跟了上去，祥子的信念是买一辆属于自己的车，我的信念是800米体育测试拿满分。那一刻，信念在前，我在后，我们向着操场跑去……

　　而如今，信念清晰而坚定地蹲坐在我身边，和我形影不离。回望携手走过的体测路，上面依稀闪烁着我一滴滴汗水，回响着我的脚步声。加快摆臂，加大步幅，三步一呼，两步一吸，信念在身旁为我助力添威："800米满分，800米满分，800米满分！"我知道我不是一个人在跑，有信念和我一起拔脚，提力，迈步，向前。风被劈开，地被踩踏，我们向前冲。

　　身边的队伍壮大了起来，一个个伙伴加入了进来：拉着人力车的祥子，扔掉扁担的华子良，抱着橄榄球的阿甘……不同的年代，不同的身份，信念不同，本质却相似，那就是朝着心中既定的目标，向前，坚持。信念牵引之下，我第一个冲过了体测终点，祥子买了自己的第一辆车，华子良领来了解放军，阿甘跑遍了全美……我们与信念同在，信念和我们同行。

　　我知道，体测已成过去，信念却得永存。在不远的将来，语文上的"之乎者也"，数学上的"x、y、z"，英语上的现在、过去、将来……无论学习，还是生活，只要怀有坚定的信念，朝着既定的目标，向前，坚持，就一定能发生神奇的反应：那些"之乎者也"会温顺地化作"长风破浪会有时，直挂云帆济沧海"，"x、y、z"能清晰地排列成一个个方程式，现在、过去、将来会在时态的"王国"里"各司其职"又相交相融。

　　岁月不居，时节如流，信念常存于心，坚定永揣于怀，不畏漫漫长路，不惧瑟瑟霜风，向前！

习作点评

　　本文构思巧妙,既有"时间推移"式的清晰结构,又有不断丰富的信念内涵。从"小时候"对"信念"一词的模糊印象写起,到"长大后"信念的若即若离,再到"如今"信念与"我"形影不离,时间在流逝,认知在增强。倒数第二段,作者用两组排比句,将"信念"一词写得具体而深刻。结尾点题,突出中心。

思路梳理

动动笔,写一写上面文章的行文思路吧!

流淌在岁月里的声音

五千年锦绣万里,风云激荡;三千里雷霆失色,龙腾星河。纵观九州历史,无数中国面孔跃然纸上,无数中国声音响彻古今。酌古,则有人高唱"路漫漫其修远兮,吾将上下而求索";斟今,则有人高呼"山川异域,风月同天"。历史奔流不息,但流淌在岁月里的声音传唱千古。

忧国之声响彻华夏。战国屈原,披头散发徘徊于大江南北,暴雨般的声音挥向郢都。朝廷奸臣当道,他叹曰:"唯夫党人之偷乐兮,路幽昧以险隘。"感慨"民好恶其不同兮,惟此党人其独异"。他以香草自喻,以党人指小人,无时无刻不在抒发自己的忧国之情。然而,弱楚终不敌强秦,他写下最后一首诗《怀沙》:"知死不可让,愿勿爱兮。明告君子,吾将以为类兮。"之后,便抱着一块石头,投入万顷波涛。岁月之中,屈原的形象模糊不清,但他的声音,划过长空,响彻华夏大地。

不屈之声传唱万里。西汉司马迁,"二十而南游江、淮,上会稽,探禹穴,窥九疑,浮于沅湘,北涉汶泗,讲业齐鲁之都,观孔子之遗风"。李陵之祸从天而降,但他不屈的声音却未曾逝去。他仰天长叹命运的不公,发愤图强,公正客观地记载历史。最终,"史家之绝唱,无韵之离骚"的《史记》得以横空出世。他道:"究天人之际,通古今之变,成一家之言。"他笔下的历史,是一幅波澜壮阔的画卷。他自强的声音,道出了他的忍辱负重,道出了他的坚韧雄浑。司马迁之声,垂范后世。

抗疫之声名扬世间。当今中国,殷忧启圣,多难兴邦。庚子初至,疫情肆虐,山河呜咽,草木同悲。但无数中国人民逆境高歌,唱遍生命洒脱,钟南山耄耋之年临危受命,李兰娟年过古稀奔赴"战场"。更有无数白衣天使迎难而上,顶天立地。危难之中,他们振臂高歌"岂曰无衣?与子同袍",呐喊"同舟共济,休戚与共",高呼"不计报酬,无论生死"。纵有疫情当道,而沧海洪流,共克时艰。岁月长河之中,我们的声音,名扬世间。

几千年征途漫漫,几代人砥砺奋进。漫漫岁月之中,吾壮怀激烈,吾辈更当挥斥方遒,扶摇直上,做那奔腾的后浪,铭记这流淌于岁月中的声音。以焕然一新的中国面孔,高唱祖国未来之歌;以新时代的青年之声,奔赴祖国未来的星河长明。任时代风起云涌,仍能承得中华,铸得国魂。

习作点评

　　本文思路清晰，既有"时间推移"式结构特点，又有"三江汇流"式结构特点。文章开头先以"酌古""斟今"对举，引出主题：历史奔流不息，但流淌在岁月里的声音传唱千古。接下来的三段，以相同的句式开头，按照时间顺序写"忧国之声""不屈之声""抗疫之声"，最后一段用"几千年征途漫漫，几代人砥砺奋进"收束全文，总结点题。文章语言大气磅礴，读来让人充满力量。

思路梳理

动动笔，写一写上面文章的行文思路吧！

_____

_____

_____

等待是一件好事

"月上柳梢头,人约黄昏后"是在等待。果子熟了,又要等待下一年的成熟。等待,有人认为是苦苦无果,我却认为等待是件好事。

春天,万物复苏、春暖花开之时,奶奶带着儿时的我去种树。奶奶说:"种树要铆足耐力,要忍住艰辛……"我在一旁听着,什么也不懂。到了地方,我拿着铲子挖着坑。一分一秒,时间过去了很久,我才挖了三四个坑。我很郁闷,不想再继续下去了。奶奶过来了,说:"你浇浇水,再试一次,别这么轻易就趴下。"我说:"好,再试试吧。"浇了些水,再挖,土软了些,我非常惊喜,又开心地干起活来。看到那些茁壮成长的小生命,我在想:"它们什么时候长大呢?"

我到现在还在等待。过了一年又一年,它们经历了很多,长大了很多。春天,我在等待一件好事——生命的繁衍。

夏天,绿树成荫、炎热无比之时,我和父亲去捉蝉,蝉鸣响彻云霄,让人直想捉它们。父亲先爬上树,捉了一只给我示范,那雷厉风行的动作让我激动不已。我迫不及待地爬上树,捉到了一只。我满心欢喜,一时失足倒了下来。我没有哭,但蝉飞走了。可是我并没有失落,更多的是兴奋,因为我尝试了。

我到现在还在等待。一年又一年,我总能想起,那年夏天捕到的那只蝉,握住它,仿佛握住了整个夏天。我总在等待一件好事——尝试。

秋天,落叶枯黄、万物萧瑟之时,我离开了小学,那阵阵秋风吹起的黄叶,仿佛在为我送行。突然一切充满了未知,我以后会去哪里?我以后在哪里上初中?我还会不会与同学重逢? ……这些在以后会给我答案。现在,我不想知道,因为未知才会让我求知。

我现在还在等待。一年又一年,我总在期待那个未知的未来,它会怎样塑造我?我在秋天等待一件好事——开启未来。

冬天,冰雪覆盖、了无生机之时,在这银装素裹的世界里,动物在冬眠,等待下一个春天;植物在储存能量,等待来年茁壮成长。

我在冬天等待。一年又一年,四季轮回,冬天就是一个结束。我在等待一件好事——复苏。

人生就是一根长长的链子,"等待"就是中间的结。把等待当成好事,系个漂亮的结,那么这根人生的链子就会很漂亮。

习作点评

　　文章按照"时间推移"式结构来写。开门见山,直入主题——等待是一件好事。接下来按照春、夏、秋、冬的顺序写等待,等待是生命,是尝试,是未来,是复苏。四季轮回,等待也在不断出现。等待就是生命链子上一个个漂亮的结,这个比喻句既新奇,又含义深刻。

思路梳理

动动笔,写一写上面文章的行文思路吧!

实现梦想

所有的成功者都是大梦想家。对于梦想,有些人让它悄然破灭,有些人则细心培育,呵护,直到它安然度过困境,迎来光明和希望。而光明和希望,总是降临在那些真心相信梦想一定会成真的人身上。

儿时,妈妈握着我的小手写下第一个方块字,炭黑的着色,歪歪扭扭,但似乎要向我传达些什么。虽不识字,但我最大的乐趣就是看连环画里的那些文字。这些方块字,在我的眼里仿佛有了生命,一个个跃动在纸上。

长大些,我慢慢开始接触更多的笔墨。不管是李清照的"天接云涛连晓雾,星河欲转千帆舞",还是岑参的"瀚海阑干百丈冰,愁云惨淡万里凝",都是那么令人着迷。那时,梦想有了轮廓。

就这样,我也开始了我的写作之路。临睡前,我总是翻看着冰心、马克·吐温写的文章,梦想着自己以后也能下笔如有神,不用多加构思就能写出如此文采斐然的文章。但是,事实远没有我想得那么简单,单是构思我就要想个半天。大多数时候,绞尽脑汁也只是想出了一个很普通的立意,再加上我那不出色的文笔,只剩慨叹。作家梦,是那么遥不可及。

偶然间,翻到《牧羊少年奇幻之旅》,作者保罗耗费了十一年的光阴去钻研炼金术,才写出这样一本具有象征意义的作品,何其困难?又何其幸运!想到这里,我更坚定了自己的梦想。在那个瞬间,梦想有了白色的虚影。

而现在,或是阅读书籍时,看到辞藻华美又动人心弦的句子;或是看电视时,某句话我觉得可以用在作文里;又或是偶然看到一些优秀的素材,我都会将它们记录在一个本子上。随着这些好句的积累,我的灵感远超从前。大部分情况下作文都能得个不错的成绩。这让我觉得我离梦想又近了一步。我也开始创作一些短篇小说,中间的步骤烦琐极了,免不了修修改改,但写完后的成就感却是实在的。梦想的身形又具象了几分。

追梦的过程中,少不了挫折,但只有经历了那些磨难之后,才能更加体会到梦想的可贵,才能在实现梦想的道路上更近一步。

蝶在沉默了一冬之后,积蓄了全身的力量,终于把飞的梦想变成现实;依米花在沉默了五年之后,用尽了自己毕生的心血,终于把花的芬芳吐露给大家。坚定信念,放飞梦想,就能主宰自己的世界。

习作点评

　　本文按照"时间推移"式结构来写,实现梦想是一个循序渐进的过程:小时候,初识方块字的心动;长大些,梦想有了轮廓,后来产生创作的热情,又中途遇困,慨叹"作家梦"遥不可及;再到读到《牧羊少年奇幻之旅》更坚定了自己的梦想;直到现在,继续走在追梦的路上。结尾用蝶和依米花举例作结,点明中心:坚定信念,放飞梦想,就能主宰自己的世界。

思路梳理

动动笔,写一写上面文章的行文思路吧!

有你陪伴的日子

　　时光本无色，岁月本无情，只因有你的陪伴，这日子才有了光彩和温情。

　　有你陪伴的童年是一首欢快的歌，歌声里有你有我，有童年的快乐。从游人如织的游乐园，到风景如画的自然公园；从二次元的动漫展，到奇幻的木偶剧院……你总能在繁忙的工作里见缝插针地带我四处游走，有你陪伴的日子就这样定格在一张张由我占据 C 位的照片里：摩天轮上招手的我，林荫小路上狂奔的我，绚丽画作前驻足的我，陷入剧情中神往的我……照片中几乎没有你，但你却一直陪在我左右，给我快乐的童年。那时，我的日子里，只有你的陪伴，从无忧愁可言。

　　日月如梭，快乐的点滴滴落在岁月的长河里，我在你的陪伴下走到了少年。

　　少年的我少了些稚气，多了些意气，那些意气堆积在胸腔间，阻隔了我对你的情意。我不再向你谈起班级的趣事，也不愿和你诉说我的心事，更不想你知道我学习中的一件件窘事，直到你拿着一张纸敲开了我的房门。"妈妈可以和你谈一谈吗？"你小心地试探，语气轻柔得像三月的春风，又像枝杈上泛着鹅黄的嫩芽。我怏怏地低头不语，实则内心已荡起涟漪一片。"妈妈画了一个彩色的五线谱，想让你帮妈妈看看画得行不行！"你的话依然轻轻地拂过我的耳旁，却撩拨得我再也坐不住了。"那我帮你看看吧！"接过你手中色彩斑斓的纸，上面清晰地勾画着我各科成绩的起伏，红色的语文，绿色的数学，黄色的英语……一科一色，一色一线，起伏升降间组合成一个清晰明了的坐标轴，又像是跳跃变化的五线谱。"来，你帮妈妈讲讲这首曲子！"

　　咔嚓！我和妈妈不禁一起回头，原来是门外的爸爸按下了手机拍照按钮。照片里，我和妈妈并肩贴坐在一起，我俯身看着成绩单，妈妈侧身看着我。那一瞬间的定格似乎成就了一首温情的歌，歌声中有爱有情，有少年成长的身影。

　　那以后的日子，你又再次进入我的学习生活中，你陪着我走出了情绪低谷，你伴着我躲过了难题陷阱。有你陪伴的美好，就这样静静流淌，聚成了日子，温暖了岁月！

　　岁月容易把人抛，"红了樱桃，绿了芭蕉"。但岁月的脚步啊，慢些，再慢些吧，让你陪伴我的日子就这样一直静好，让你陪伴着我成为你的骄傲！

习作点评

　　文章按照"时间推移"式结构展开。从童年到少年,妈妈的陪伴是永恒的话题,但"陪伴"也在不断改变着形式和意义。童年的陪伴,更多的是游戏和快乐,到了少年时期,由于"我"的意气,陪伴多了几分小心翼翼,直到妈妈和"我"一起分析成绩被定格在照片里,陪伴又进入了一个新的阶段。文章虽短,但写出了波折。结尾引用词句,写时间流转,突出"陪伴"这一主题。

思路梳理

动动笔,写一写上面文章的行文思路吧!

_____

_____

_____

我重新认识了他

小时候,我和他打架。长大了,我慢慢看不起他。但现在,我重新认识了他。他就是我表哥,一个曾经玩物丧志的表哥。

暑假,一个属于自己的学期来临。因为爸妈要上班,所以我要去小姨家"上学"。不出所料,表哥又在打游戏。见状,我心里不禁长叹:"青春年华怎能用来在手机里挥霍,日复一日,年复一年。他浪费了多少学习时间!总有一天他会'白首方悔读书迟'的!"家里所有人对他的学习成绩只字不提,也不想提。

这就是我认识的他的样子,少年的模样,但无学习的身影。

"快,你俩各带上一本书,咱们要出发了!"妈妈催促道。

"要出去玩一周,带上语文书,还有历史书……"我心里默默想着。看到旁边的表哥慢吞吞地放下手机,从落满灰尘的书包里漫不经心地抽取出最上面的一本历史书。路程中我完全被窗外的美景所吸引,全然忘记了堆在身边的书籍。"改革开放……邓小平……"我耳边不知何时多了读书声,声音虽然不大,但足够听见,是他!那个平板不离手、游戏不离口的表哥!虽然我一时不敢相信,但接下来的旅程中,他手中的平板渐渐变成一本八年级上册历史书,口中的游戏也慢慢变为一个个历史事件。

这是我后来认识的他的样子,少年的模样,奋进的心。

开学了,暑假中我常光顾的书桌,表哥变成了常客。当我们背对太阳之时,书桌上的台灯照亮他的书本,他的向学之心引出奋进之路。那天我们一起看《八佰》,路上他就津津有味地和我说起关于《八佰》的故事。七七事变、淞沪会战……那些悲壮的战争故事从他口中滔滔不绝地涌出,即在眼前。记得那天的余晖尤为温暖,通过摇曳的树枝照向广阔的天地,连路边的绿植都已屈服。

这是我重新认识的他的样子,少年的模样,高效的行动。

我重新认识了一个有上进心、有行动的表哥,我佩服他即使面对"时间"这个拦路虎,也愿为青春奋斗一次。毕竟,青春应回忆无悔,回想无愧!

习作点评

　　本文以时间为序,展现了表哥这位少年,从玩物丧志打游戏,到读书奋进,再到在书桌前勤奋学习的改变过程,符合人物性格发展特点。作者用三个相同句式,对三个阶段分别做了总结,层次清晰,层层递进。结尾回扣题目,点明中心。

思路梳理

动动笔,写一写上面文章的行文思路吧!

_____

_____

_____

"双线并行"式结构

所谓"双线并行"式结构,就是指写作的叙事过程中设置明线和暗线两条线索,分叙两件事或一件事的两个方面,彼此映照、对比、交叉、重合,从而更好地传情达意的一种写作方法。

明线是从文章表面能看见的、贯串文章始终的线索。这类线索往往将文章联系起来,使各种素材排列组合成为一个整体的脉络,一般在故事情节中起到穿针引线的作用。暗线是相对来说要从文意中分析得来的、贯串文章始末的线索。暗线有很多种,可能是人物的心理变化、成长过程,也可能是作者的情感态度、思想倾向等。

我们学习过很多双线并行结构的文章,例如鲁迅的《藤野先生》中,明线是鲁迅与藤野先生的交往,暗线是鲁迅先生思想感情的变化,随着两人之间故事的推进,完成一篇文章的构思立意;《一棵小桃树》是贾平凹的作品,其中的双线并行很明显,表面上是写小桃树的生长过程,实际上是写"我"的成长之旅;《智取生辰纲》也有明暗两线,明线是杨志一行人伪装成客商力求如期"智送生辰纲",暗线是晁盖、吴用等好汉巧扮贩客"智取生辰纲",到黄泥冈交织在一起,故事趋向高潮并以好汉智取成功而迅速结尾。

我们发现明暗这两条线索具有同等地位,它们或同向映衬,或反向对比,借助这两者的关系共同指向文章中心,更强烈鲜明地表现文章主题。所以在写作中我们要尝试变单一叙事为双线并行,从而丰富文章内容,增加文章深度。

来看一篇学生习作:

开在心中的花朵

洗笔,蘸墨,落笔。点如高山坠石,横如千里阵云,竖如万岁枯藤……辗转间,笔下作品正在成形,千万思绪正在流转,回到了那一天……

我将练习纸揉成一团,用力掷向窗台上的仙人掌。褶皱的纸团无力地依偎在仙人掌身旁,胆怯地看着我。书法比赛的失利令我十分沮丧。我望着光秃秃的仙人掌,它仿佛蹲在角落里颤抖着,一言不发。

　　我自知没趣,又拿出一张纸,铺在桌上叹了口气,再将那支躺在砚台上发呆的毛笔一把抓起,让笔尖在纸上静静划动,让墨迹干在纸上,使纸变得褶皱。突然,一个可恶的错字打破了整张纸的和谐,好像一滴冰冷的雨水落在心上,熄灭了重燃的微弱火苗。

　　恍惚间,我看向窗台上的仙人掌。不知何时,它已经挣扎着长出了几个细小的花苞,如同星星般在阳光下闪耀着,为我的书法道路带来了一缕光。我知道我必须坚持,才能绽放心中的花朵,才能使自己真正的出类拔萃,才能像仙人掌般坚毅绽放。

　　我重新开始练习,细细品味每个笔画的粗细变化。铺就一张宣纸,淡淡的墨香随着笔尖的滑动弥漫在空气中。笔尖的字体飞舞起来了,跌宕起伏,或轻或重,或缓或急,宛如一只只蝴蝶在纸上飞舞。楷书方正、规整,好似一位位庄严的长者端坐着;行书洒脱、不羁,如行云流水一气呵成。左手轻轻按压,右手执一杆兼毫湖笔,运笔回环,一撇一捺,一笔一画都富有韵味。

　　风萧萧,拂过多少岁月。

　　又一个比赛的清晨,阳光迫不及待地跑向窗台上的仙人掌,给它的花朵无限的呵护。那五瓣带着雪白绒毛的鹅黄色小花高兴地笑着,花瓣深处一抹娇羞的绯红,金黄的花蕊在阳光的掩映下流动着一股沁人心脾的香。

　　人生没有白走的路,每一步都算数。我要感谢那段沉默努力的时光,因为那些看似波澜不惊的日复一日,总有一天会让你看到坚持的意义,要相信我们披星戴月走过的路,一定可以繁花满地。

　　思绪回到今朝,桌上的宣纸洁白耀眼,我松开攥紧的手,提起笔,深吸一口气,让笔尖在宣纸上龙飞凤舞。这份努力与坚持,汇成了我心中开得最美的那朵花。

微点评:小作者双线并行,将仙人掌开花的过程和自己坚持成长的历程融为一体,以花喻人,虚实结合,给人以积极向上的力量。

习作示例

风中的《兰花草》

　　风儿跃过窗棂,轻轻撩动我的发梢。乘着这缕微风,我又听到了那首熟悉的《兰花草》。

　　上学期结束的时候,他开始弹奏这首曲子。当时的曲子还不成曲调,只是零星的音符,断断续续的。但每晚,楼上都会传来微弱的琴声。我写作业的时候,他在弹琴;我背书的时候,他在弹琴;我筋疲力尽的时候,他还在弹琴。他就像一个机器人,永远不会停歇。

　　也正是在那时,班里开展了魔方比赛,我也决定把几年没玩的魔方拾起来,在比赛上大展身手。每天晚上只要有时间,我就会把魔方拿起来练习。打乱,复原,再打乱,再复原,可始终突破不了四十秒,我的内心沮丧至极,我已经找不到几年前的感觉了。

　　我赌气地把魔方扔到沙发上,走到窗边,打开窗户,任由风从我的脸上拂过。琴声顺着风儿溜进我的耳朵,又是这首《兰花草》,他又在反复弹奏着。此时的曲调已经开始熟练流畅,似一缕清风渐渐抚平了我那颗浮躁的心。就这样,他弹着,我听着。他用音符诉说着他的故事,诉说着他的坚持,却又仿佛是在嘲笑我的一蹶不振。我从迷茫中惊醒,哪能就此放弃?只有坚持不断地练习,才能在比赛中取得胜利!我一把抓起魔方,就像回到了几年前一样,脑子飞速转动,用心体会每次转动的力度,努力使每个动作形成肌肉记忆。每天晚上,我们都在坚持练习。他用琴声诉说着他的努力,我也用"咔咔"的魔方声回应着他,虽然我们素未谋面,却像老友一般配合默契。

　　终到了比赛的那一天。

　　我拿起魔方,仔细观察。比赛开始了,只见我的手指上下翻飞,如同流水线一般高效,魔方也似乎被施下魔咒,随着我的心意迅速向复原逼近。"啪!"只听一声清脆的拍击声,我赢了。

　　风儿跃过窗棂,将那首《兰花草》再次送入我的耳朵,此时的曲子已然优美动听,而我也已经超越了自我。我恍过神来,不觉会心地笑了。

习作点评

文章构思巧妙,"双线并行"。小作者以一曲《兰花草》为线索,将自己练习魔方与楼上那个人练习弹琴交织来写,"我"的努力与"他"的坚持相互辉映,这种"双线并行"式的结构,让读者读罢会心一笑。灵动的笔法,准确的用词,开头结尾的照应,排比句的运用,为文章增色。《兰花草》的选曲,更是为文章增添了一份美感。

思路梳理

动动笔,写一写上面文章的行文思路吧!

开在心里的花

路口转角,逢一树海棠,便知春来,心大喜,如逢老友。

记忆里,每种花的绽放都昭示着什么……

海棠花开是归时

"村口海棠花开了,带丫头回来看看吧!"每当奶奶苍老亲切的嗓音掺着杂音在听筒中响起时,我便喜得几乎疯掉,在父母的笑骂声中随一阵风飘回老村。老村村头栽着两棵树,一棵是海棠,另一棵也是海棠。我爱夜晚的海棠,它们伴着皎洁的明月,就那样开着,清幽的月光中夹杂着淡雅的芳香,如同采茶少女指尖的幽幽茶香。我更爱海棠树旁坐在小马扎上的人,她轻摇蒲扇,音调悠扬地哼唱民谣,我主动要求为她伴舞,却是借着伴舞的名义在她面前胡闹。银铃般的笑声搅乱了她的歌,她不恼,笑意直达眼底,混着月光,似明珠般闪耀。我知道,那是爱;我亦知道,我眼里也有这种光……

氛围很好,我想说点什么,张了张嘴,脱口而出却变成了:"奶奶,海棠花真美。"

那些词不达意的爱意,就让海棠花为你送达吧……

海棠花开春长久

"嘭!"海棠树在花开得最好的时节被拦腰砍断,但是保持着最完美的姿态倒下。我怔怔地蹲在旁边,抚摸着花瓣,朵朵芳花像酣睡的婴孩,花瓣圆润,花蕊娇嫩;又像含笑的少女,脸颊白里透粉,娇憨,妩媚。在那个天气和心情都不是那么美好的春日,我送别了我的老友,我发觉我是那么依恋着她。"没了海棠,何时为春?何景为春?"我大发感慨。

"那你就记住海棠花开时的样子。"

我抬头望向奶奶,奶奶苍老的双眸中尽是深邃。

海棠花开寓真情

奶奶走了,在第二个春天,同时带走了我最后一丝幼稚和我对童年的最后一点念想。

我哭不出来,巨大的悲伤找不到发泄点,兜兜转转,最终倾泻于别人家墙头探出的一枝海棠。眼泪冲出眼眶的一刹那,我才发觉其实在我的记忆里,奶奶早已与海棠融为一体。此时的海棠,绿肥红瘦,柔情脉脉;彼时的奶奶,唇角微扬,笑意绵绵。

"那你就记住海棠花开时的样子。"

"那你就记住她的爱。"心上的海棠花开口,"带着这份爱,好好地活下去。"

心有花开,何时不为春?只要海棠开,春就一直在;只要爱还在,您就从未离开!于是,海棠开在心底,您存于心间。

习作点评

海棠是明线,情感是暗线。海棠花开时,"我"与奶奶相见,爱却不好意思说出口。海棠花被拦腰砍断,保持着最美好的姿态倒下,奶奶让"我"记住海棠花开的样子,也是想让"我"记住祖孙两代人相处的美好时光。海棠花再开,奶奶却已不在。于是,海棠花只能开在我的心里。三个小标题,叙事层次清楚,感情步步推进。结尾"只要爱还在,您就从未离开!"点明中心。

思路梳理

动动笔,写一写上面文章的行文思路吧!

_____

_____

_____

风的记忆

　　风是健忘的,春天来了,仍不记得收起自己的冰凉。但它一直记得,女孩奔跑的时光。

　　清晨,风在草上打滚,乐此不疲地迎接阳光。很快,它的目光被一双脚吸引了。那两只脚轮番抬起落下,频率不快,却从未停歇,一步一滴汗水,落地成花。风追着脚,抬头看向它的主人——一个女孩。女孩面色通红,眉头紧皱,气喘吁吁,看着似乎很难受。她双手紧攥着,努力地向前跑着。风不解,如此痛苦,为何还要奔跑?

　　疑惑的种子落于风的心中,女孩身披晨光的画面在风的记忆中生了根。

　　风随女孩去了学校,它窝在铺满阳光的枝丫上,歪头看着玻璃里的世界。台上的老师换来换去,声音可真是一个赛一个催眠。风听了一会儿,便哈欠连天,上下眼皮像装了磁铁般互相吸引着。若不是它没躺稳,一跟头栽到树下,早就泡在阳光中睡大觉了。它爬上树,紧紧扒着树枝,见女孩目光一直追随着老师,不见一点倦怠。风好奇,她怎么不困?女孩的手握着笔舞动于纸上,风紧紧贴着窗子,看那洁白的纸上落下一个又一个符号。有时女孩累了,甩甩手,风就眯眼晒一会儿太阳,不过就一小会儿,女孩又开始写字了。风在女孩身旁待了一天,见她似粘在椅子上,始终未离开,要么画些符号,要么说些叽里呱啦的语言,总忙着,不见歇着,闲着。风不懂,她为什么要把自己搞得如此忙碌,像奔跑在赛道上的运动员。

　　疑惑的种子在风的心中生了芽,女孩手握油笔"奔跑"的模样扎根于风的记忆中。

　　携着疑惑,风跟随着女孩,陪她在晨光下奔跑,伴她在笔尖下奔跑。时光如流水消逝,女孩奔跑的时光深深地烙印在风的记忆中。女孩变了,又似乎没变,就像一朵青涩的花苞,在努力地向理想奔去,终于在某日的春光中,绽放成她梦想中的样子。她还是那朵花,却又不一样了,更加灿烂明媚,并拥有了属于她自己的春光。

　　风,似乎懂得了奔跑的意义,它推开窗,赠予女孩缕缕花香。

　　女孩转头,迎着风,望见了属于她的满窗春光……

习作点评

　　小作者化身为风,跟随着女孩的脚步一路奔跑。风,见证了女孩跑步时的痛苦与坚持,见证了女孩学习时的努力与忙碌,也见证了女孩努力奔向理想的成长和变化。两条线索明暗交织,"风的记忆"就是小女孩成长的印记。文章视角新颖、独特,读来让人耳目一新。结尾的留白,给人留下丰富的想象空间。

思路梳理

动动笔,写一写上面文章的行文思路吧!

和玉兰相约夕阳下

　　日影斜沉，夕阳在天上奔跑，黄昏给天空上了一层淡黄底色，余晖洒了遍地。此时春风卷云舒，水波荡漾，我顺着暮风拢拢枝条，在满地金辉中看人来人往，不时有人对我称赞几句："这白玉兰开得好漂亮。"

　　忽听脚步匆匆，一个小姑娘气喘吁吁跑到树下停歇，却神采飞扬。她抬头看了我一眼，我留意到她指尖缠了一种甲片。她笑了一下，眸子里尽是喜悦和得意，轻声喃喃："回去练琴啦。"随即继续坚定地奔跑起来，背包中露出书的一角，我隐约辨认出古筝课本的模样。我用目光送她远去，夕阳火红勾勒出她的热情，我猜她一定是上课被表扬了，才会这么着急回去练琴吧！我被少年独有的朝气感染，不禁期待下一次见面。

　　同样的时间，我又在黄昏遇见她，可她却不再肆意奔跑，反而面色凝重立于树下，手里一片片地摘着指甲片。她的指尖通红，手指也勒出极深红痕。她默默甩甩手，不觉握紧了手中甲片，愣愣地望着夕阳。眼如死海，好像今天的夕阳太苦，她竟簌簌落下泪来。

　　我晃动身子，花粉顺着花蕊撒进琥珀色的日暮，像几粒砂糖撒进茶汤。幽香在空气中蔓延，我期待着她重展笑颜，却不见她再扬起嘴角。夕阳似和她一同落寞，兀自孤悬于地平线上。"连级都考不过，练都练不好。"她垂头丧气地蹲在地上，那份独有的青春傲然不见了踪影。我知道她迷失了方向，不知该往哪边跑。半晌，她忽然看向我。我花期短，每逢初春，花瓣只能在枝头挂上数日，此时残花将败尽却依旧傲然挺拔。熬到夏天，我便又恢复生机。她眼里的黯淡逐渐明亮："挫折不能成为绊脚石，受伤和困难打不倒我！"是啊，困难挫折是更能成就人的。她最后认真地看看我，眼中含泪，却坚定不悔。我知道她从初春，一眼望到了盛夏，望到了盛夏的自己。于是她再度起跑，怀着热爱，千难万险亦不能拦，少年就是勇敢而坚定的。

　　盛夏的黄昏似更热烈，我们再次相遇。她带着甲片摸摸我的枝干，我枝叶扶疏。她一笑，再度狂奔。少年肆意奔跑，无畏似胜券在握，虽含泪，却坚定无悔，用热爱和汗水诠释青春的动人绚烂。

　　一帘黄昏无声见证无数人的奔跑，欲坠的夕阳在人间铺上金色雾霭，尽情勾勒玉兰翁郁。浮云被渲染成玫瑰色的晚霞，与玉兰相约夕阳下，听暮风述说黄昏下的故事。

习作点评

本文采用"双线并行"式结构展开叙事。作者化身为一株玉兰,总是在黄昏时分见到小姑娘,同样的时间,同样的地点,三个场景,却看到不一样的她。她的快乐,她的沮丧,她的坚持,她的"奔跑",都在玉兰的注视下发生。本文叙述视角独特,语言优美。特别是结尾的画面描写充满美感,令人回味。

思路梳理

动动笔,写一写上面文章的行文思路吧!

_____
_____
_____

尘埃未落定，奔跑趁年华

我，是浩瀚宇宙中一颗渺小的尘埃，将何去何从？只不过是跟随着她奔跑的步伐罢了。

我，跟在她颤颤巍巍的步伐下，她似乎很惧怕。我心中大为不解：究竟何物使她如此惧怕？她只是微微垂下头，只是望着面前的三张演讲稿，不断唉声叹气。她的步伐缓慢。云层不知何时披上了彩霞，温柔而又热烈，可她却从未抬起头来看。我盼望着她能够跑起来，肆意地奔跑，因为只有这样我才能跟紧。我不由看了看我自己，只是觉得千万个"我"存在，我自是渺小，谁都可以改变，谁都不可以改变。"唉！她要是能跑起来该多好！"我紧紧跟着她想。

又不知过了多少天，她似乎想明白了许多。伴着夏天的蝉鸣曲，她手握演讲稿，在房间中踱来踱去。我被她弄得不知所措。可我心中也明白，该跑起来了。她的眉头越来越舒展，笑容逐渐漾在她的脸上，就如她窗边的那株小草，沉静而有力量。我默默地为她鼓掌，掌声并非只能赠予获胜的人，更要慷慨地献给那些面对不确定时仍能迈出一步的人。正值年华，既要"敢于奔跑"，更要"甘于奔跑"。

"哎！慢点！"夏日难免燥热，我却被她脚下的风弄得不宁静，阳光肆意地拂过她的肩膀，她也肆意地向阳光奔去。她深知比赛日已到，有时更要学会面对。灯光聚集于她，此刻，万般寂静。也不知她何时练出的胆子，不同于往日的是，我在她的面庞上看到了难得的自信。几分钟过后，一阵掌声向我们排山倒海般而来。拥有大好年华的少年，只要学会了奔跑，其实结局如何都已不重要。人人都说"尘埃落定"，可"奔跑"过后才能释言"落定"，"落定"的前提是"奔跑"。可当我们回过头再往彼岸探去，不免会轻叹一声"轻舟已过万重山"。

晚风靠在彩霞的肩膀上，她的步伐仍旧缓慢，却带着喜悦、释然。她像是在夏日大醉了一场。醒来时再看，身后早已多了些脚印，不知何时，竟也学会了成长。

尘埃未落定，奔跑趁年华。风还是那样温柔，万事的结局都要有奔跑的身影才完美。诸位少年郎，敬请期待。

习作点评

　　小作者化身为一粒尘埃,跟随着"她"的步伐奔跑。"她"最初的恐惧,让"我"希望"她"能快点跑起来;数日以后,"我"发现"她"敢于奔跑,不禁为她鼓掌;比赛日到,"我"见"她"自信从容。用一粒尘埃,见证一个女孩的变化和成长,叙述视角独特。

思路梳理

动动笔,写一写上面文章的行文思路吧!

"三江汇流"式结构

"三江汇流"是一种地理景象,我国有此景象的不止一处。例如,长江、金沙江、岷江在宜宾市主城区交汇,形成了三江汇流的壮阔景象,长江自此始称"长江"。

所谓三江汇流,一水入海,是一种比喻的说法,通俗来说,是指"总—分—总"的结构形式。三江汇流是指根据表达主题的需要,选取典型人物、事件或景物的片段组合成文,从不同角度来体现同一主题的写作方法。文章中间部分是三个或三个以上意义相关、结构相似、字数大体相当的段落,其妙处是整齐划一又富有变化,独具结构美。

下面我们来欣赏两篇下水文:

我的天空

李艳老师

都说天空是蓝色的,白云、骄阳、星辰和飞鸟,是天空给我们最美的馈赠。而我的天空却是彩色的,上面有至诚如火的心,坚毅似铁的脸,浓烈如墨的情。

红色巨岩,信念之巅

重庆的天空阴霾一片,白公馆上方更是阴云惨淡。渣滓洞、华蓥山,这些耳熟能详的地方活跃着一个个鲜活的人物:宁死不屈的江姐,不屑敌人铁鞭的成岗,用双手把牢房挖穿的许云峰,宁守信念不要自由的刘思扬……他们用至诚锻造了一颗颗火红的心,哪怕酷刑遍身,哪怕鲜血流尽。于他们而言,天空是红色的,因为那是共产党人用鲜血染就的,是革命烈士用红旗掩映着;对我来说,这火红的赤子之心也烧红了我的一片天,让我明白唯有攀上信念之巅,方能俯瞰百态世间,不为利诱,不被名囿,永葆向上的执着信念。

白色冰雪，意志弥坚

冰天雪地，悍匪冻土，苏联白色大地上，永远站立着一个倔强的身影——保尔。当弹片穿透颅骨，盲了他的右眼，他心心念念的却是"为何不是左眼"，只因时刻将"击毙敌人"置于心尖；当严寒侵蚀躯干，夺了他的健康，他一心惦念的却是"铁路是否贯通"，只因时刻把"人民的温暖"放在心间。于他而言，天空是白色的，因为那是祖国严寒天气造就的，更是战友们用意志锻造的"钢铁"映衬的；对我来说，那钢铁般的意志也浇铸了我的一片天，让我明白只有坚忍的意志才能破万难，攻百艰，才能披荆斩棘一路向前。

黑色裙摆，自强之颜

总是一袭黑色长裙，仿佛自保于一隅；常是一张惨白的脸庞，看似拒人于千里之外。简·爱，一个自幼父母双亡的女孩，尽管年少体弱，被舅母送去寄宿女校，也要努力学习，只为不被人瞧不起；哪怕眷恋挚爱，也要毅然出走谋生，只为不在疑影重重的罗切斯特府被善意地"欺骗"。于她而言，天空是黑色的，没有亲情的庇护，缺少友情的维护，痛失爱情的呵护；对我来说，那浓黑的不幸也浸染了我的一片天，让我明白了自强自立的可贵，不汲汲于富贵，不戚戚于贫贱，紧握自强之手，才能扼住命运的咽喉。

灌满信念的红色巨岩，潜藏坚韧的白色世界，缝缀自强的黑色裙摆——阅读是我的一片天，形形色色的人物，色彩斑斓的人生，绘出了彩色天空，让我的人生从此与众不同。

流淌在岁月里的声音

朱国华老师

岁月尘封了往事，模糊了记忆，带走了阵阵忧伤，也沉淀了些许美好，就像那一阵阵的叫卖声，始终回响在耳畔，流淌在时间的海里，不曾远去。

一

"叮！"一听这个声音，我就捧着碗往外跑，因为卖香油的来了。卖香油的手里有一套小铜锣，敲出的声音清细悠长，余音袅袅，和他的香油一起，撩动你的心弦，挑动你的味蕾，来不及叫卖就把各家各户的孩子们吸引到巷子里了。孩子们都是冲着芝麻酱来的，一人捧着一个碗，簇拥着卖香油的，眼巴巴地瞅着他打开盛着芝麻酱的桶,那浓郁的芝麻香直往鼻子里蹿,让人垂涎三尺。卖香油的不慌不忙地把一个带有细长把儿的勺子伸到桶里,手腕一抖,就舀上来一勺浓浓的芝麻酱,溢出的酱顺着勺子沿拉成一条流线,又流入桶中。卖香油的习惯性地掂一下,就把勺子里的酱都盛到了碗里,一滴也不会洒出来。"称高高的啊!"卖香油的高兴地吆喝着。买到的孩子边用力闻着,边小心翼翼地捧着回家去了。我总是举个凉馒头目不转睛地看着妈妈调芝麻酱,看着妈妈的手顺时针地搅拌着,看着酱和水充分地融合,看着它渐渐变得细腻润滑,迫不及待地蘸上一口,塞进嘴里,唇齿留香。

二

"梆!梆!梆!",换豆腐的来了。姥姥边在院子里喊着:"换豆腐的别走!"边端着一斤麦子小跑了出去。姥姥喜欢换豆腐,我们也喜欢吃豆腐,表哥和表弟都长得一米八的大个子,当属豆腐的功劳。换豆腐的和卖香油的一样,每天推着自行车走街串巷,沿途叫卖。他的车后座上放着一个方形的扁平容器,在干净的纱布覆盖之下,白生生的豆腐安静地躺在里面。他的车把上绑着一个木鱼似的方形木器,一手推着车,一手拿着木槌轻轻地敲击着:"梆!梆!梆!"客人来换豆腐了,一斤麦子换一斤豆腐,他总能划得准确无误。家乡的水硬,豆腐质地紧实,炖煮多久都不会烂,哪像他处的豆腐,要么软烂,要么味苦,哪是豆腐呢。岁月匆匆,远离家乡已经二十年了,姥姥细碎的步子也永远看不见了,吃上一口家乡的豆腐居然成了极奢侈的事情。

三

收破烂的手里拿着一个大的拨浪鼓:"拨拉拉,拨拉拉。"伴随着这有节奏的鼓点,收破烂的叫卖声也慢慢清晰,在巷子安静的上空婉转不歇:"收破布衬烂套子……拨拉拉,拨拉拉……"

妈妈总是跑出去小声对他说,过了这段你再摇,我家孩子刚睡着。收破烂的总是很通情达理,安静地远去了,很久才能听到几声邈远的"拨拉拉"的声音。那时的人儿啊,心都纯善得像块金子。妈妈并不肯把破烂卖给他们,总是直接卖到附近的废品回收站,多卖的钱可以多买几次芝麻酱了。如今已经听不到那"拨拉拉"的声音了,收破烂的,不,收废品的都有了微信电话,想卖?直接联系,服务上门。小区也安装了废品回收箱,方便快捷。可婆婆也不肯放到箱子里,还是打电话让收废品的来,多卖的钱可以给小孙子多买几袋零食了。时代在变,不变的是勤俭持家的作风。

时光如流,岁月如沙,带走了童年小镇的记忆,却带不走那一阵阵的叫卖声,温馨平淡,给孤独忙碌的生活以温暖和慰藉。偶尔身后传来一声叫卖:"收长头发——"我会惊喜地回头:"哦,原来你也在这里。"

"三江汇流"式结构在议论文中比较常见,也是比较容易入手的结构。第一部分:提出主题,指出文章的中心论点;第二部分:提出三个分论点来支持中心论点;第三部分:结尾进行总结,呼应开头,升华主题。

下面来看一篇演讲稿:

我的青春宣言

老师们,同学们,大家好,今天我演讲的题目是《我的青春宣言》。

什么是我的青春宣言呢? 我的青春宣言是自信,是自强,是周恩来口中的"为中华之崛起而读书",是杜富国的一句"你退后,让我来",是陈祥榕日记中写到的"清澈的爱,只为中国"。

"为中华之崛起而读书"是我的奋进宣言。在修身课上,校长提出"你们为什么而读书"的问题,周恩来的同学们说"为家父而读书""为明理而读书""为光耀门楣而读书"。而周恩来却清晰而坚定地回答道:"为中华之崛起而读书!"校长喝彩道:"有志者当效此生!"没有理想的青春是没有意义的,我要向周恩来学习,在青春生活中立下奋进的宣言:"为中华之崛起而读书!"我要有纯真的激情和雄心壮志,更要有为了理想赴汤蹈火的勇气。

"你退后,让我来"是我的责任宣言。2018年10月11日下午,杜富国在排雷作业时发现一个雷窝,他命令艾岩:"你退后,让我来!"突然"轰"的一声巨响,弹体发生爆炸,杜富国被炸成了血人。我要向杜富国学习,在我们的青春生活中立下责任的宣言,要谨记"你退后,让我来"! 在人生的剧场中,面对责任,面对危险,我要有扮演主角的担当,实实在在地度过人生。

"清澈的爱,只为中国"是我的爱国宣言。2020年6月,印军非法越线,蓄意挑起事端,引发加勒万河谷冲突,我军牺牲的四名官兵中最年轻的陈祥榕不满19岁,他在头盔上写道:"清澈的爱,只为中国。"他的信念坚定而纯粹,文字朴实而真挚。无论是风与雪的洗礼,还是生与死的考验,他的心中只有对这960万平方千米土地的清澈的爱! 这样的爱,是赤胆忠诚,以身许国的大爱;是纯粹的,无私的挚爱。我要向陈祥榕学习,在我的青春生活中立卜爱国的挚言,要牢记"清澈的爱,只为中国"!

青春是人生的鲜花,是年轻生命的闪耀,是纯真的结晶。"为中华之崛起而读书"是我的青春中的奋进宣言,"你退后,让我来"是我着青春中的责任宣言,"清澈的爱,只为中国"是我青春中的爱国宣言。我的青春,是由奋进之心、责任之心、爱国之心凝集而成,我的青春也因此变得绚丽多彩!

我的演讲到此结束,谢谢大家!

习作示例

慢一点,又何妨

周末写完作业时已临近傍晚,好不容易从忙碌枯燥的日子中偷来悠闲,我决定骑车去野外享受。穿过熙攘的人群、高耸的楼房,一条小路便映入我的眼帘。我缓缓骑车,慢慢观赏路旁的风景。

一排排苍翠的树,像成熟稳重的中年人一样站在路旁,投下一片绿荫在地上。鸟儿盘旋在林叶之中,不一会儿就回到了树上。几只鸟儿在树枝上欢快地鸣叫着,清脆的叫声响彻树林。风如一双手轻轻拍打着树叶,几片树叶从树上落下来,在空中一摇一摆,时上时下,如翩翩起舞的蝴蝶,最后轻卧在路面上。树叶散发着淡淡的清香,萦绕在我身旁,也弥漫在林间的路上。我慢慢骑着车,享受着林木的熏陶,享受慢下来的惬意。

树下,一丛丛五颜六色的小雏菊吵吵嚷嚷地凑在一起,精致的小花瓣,不染纤尘。白色的花,烂漫纯白的花瓣,围着鹅黄的花蕊层层叠叠;粉色的花瓣、玫粉色的花瓣与白色的花瓣交杂着,如喝醉了酒,在脸上留下一朵朵红晕。她们在树荫的遮蔽下无忧无虑玩闹着,如不谙世事的孩童,随着风,欢乐地跳起了舞,说起了悄悄话。阳光透过树叶的缝隙洒在她们身上,给这一簇簇小雏菊添了一抹金色的梦幻。我不觉惊讶,以往路过时匆匆一瞥,如今慢下来细细观赏,竟也发现了如此可爱灵动的仙子。

骑了没多久,看到了一位卖哈密瓜的老伯。他正在进行收摊前最后的吆喝,身旁的三轮车上零星地摆着几个大哈密瓜,还有几块切好的、可以尝上一口的瓜,光是橙黄的瓜瓤和上面渗出的蜜已让人垂涎欲滴。老伯一身旧衫,头发如野草般短小而参差不齐,眉毛真是长极了,像一把未熟的麦子。老伯有些胖,额头、脸颊都凸着,肚子也有点鼓,上面围着一个布包,包的拉链拉得紧紧的。吆喝时,他上咧着嘴角,声如洪钟,还掺杂着一些口音:"卖瓜喽!又甜又大的哈密瓜喽!"慢慢走过,看着朴实的老伯,听着他的吆喝声,我感觉真好。

"快"诚可贵,"慢"价更高,在这个快节奏的新时代,与其匆匆忙忙过日子,不妨放慢脚步,在空闲时间享受惬意。去掉三分急,留得三分闲,慢一点,又何妨?

习作点评

本文采用了"三江汇流"式结构,通过地点变换展开情节。小作者周末骑车去野外,慢慢观赏路边风景。从路旁的树写起,再写树上的鸟儿,树下的小雏菊以及卖哈密瓜的老伯,文笔细腻,描写生动,调动多种感官来写景,又用外貌、语言、动作描写来写人。在移步换景的描写中,点出了"只有放慢脚步,才能发现美好"的主旨。

思路梳理

动动笔,写一写上面文章的行文思路吧!

_____
_____
_____

慢一点，又何妨

"解封啦！"伴随着欢呼，这三个字传遍了每家每户。几个小时刚过，出入证便人手一张，人们脸上满是溢出的喜色，纷纷走向那紧闭已久的大门。

片刻间，我已经挂上了那条连着出入证的蓝丝带，站在了小区门外。死寂的街道像是突然活了起来，寒暄和欢笑声不绝于耳。我慢慢地沿着路边向前走去，一位带着孩子的母亲和另一位打起了招呼："出来走走？""是呀，可算是能出来了……"两位老人家立在超市门口，喜得脸上也焕发着光彩："再关下去，我这把老骨头可受不住了。"车库里的车子一辆接一辆地开出来，人们成群结队地走在路上，像约好了似的，一切都仿佛按下了慢速键一般，都不再像以前那么匆忙，都是慢慢的。连门口超市的老板，在应付玻璃窗外不停手舞足蹈的顾客的时候，都变得有了耐心。这一幅幅和谐的画面扫过，热闹而有趣。

小花园自不必说，弯弯曲曲的小道上有许多人，重叠的身影被已经长出来的树叶映得斑斑驳驳。仿佛一夜之间，知名的、不知名的小花都开得艳丽了，开在枝头，也开在人们的心里。不高的小树上挂着鸟笼，笼里的小鸟也欢喜地蹦来蹦去，叫得婉转动听。一位老人抱着台收音机，摇头晃脑听着曲儿。有人过来问候："大爷，您这鸟养得不错啊！"老人家点点头，笑了。四月已过半，花儿却并没有因为疫情而放弃绽放，只是低倾着头，望着那些手挽手踱步而来的行人。一切都像回到了疫情前，不过慢下来了许多。长时间封闭后的漫步，就像午后的一盏清茶，沁人心脾，更需细细品味。

空地上随处可见成群的孩子们，或嬉笑，或追逐。河堤上的垂柳，小区里的大白杨，抽了芽，生了叶，一片青绿，生机勃勃。空中的杨絮漫天飞扬，正是"杨花榆荚无才思，惟解漫天作雪飞"，满目所及皆是我所欢喜看到的。

趁着阳光明媚，趁着春光正好，我们不妨放缓脚步，享受一下难得的慢生活，寻找疫情生活下的小确幸。慢下来，去发现生活美好的种种；慢下来，去细细品味生活的滋味。往日太过匆匆，如今慢一点，又何妨？

习作点评

　　文章采用"三江汇流"式结构。小作者选取三个不同的场景,写疫情解封后人们的活动。小区门外、小花园里、空地上,无不洋溢着人们走出家门,享受自然的喜悦。在每个板块,都有对"慢下来,细细品"的反复点题。这种写作结构适用于写多场景、同一主题的文章。

思路梳理

动动笔,写一写上面文章的行文思路吧!

味　道

英雄不问来处，美味不论贵贱。小吃的灵魂就在于味道，它生于街头巷尾，出身平凡，却烟火气息浓郁，比精致的菜肴更平易近人。

每个城市的小吃街，都是当地地标般的存在。游子归乡，出了火车站便能尝到家乡的味道，寻个街边小摊坐下来，喝一碗热汤，便是小吃所能给予的最高级别的温暖；背包客们，不必东奔西走，寻一家颇受好评的餐厅，只需寻香味在街头驻足，点一份灌汤包抑或是肉夹馍，便是弥足珍贵的美味，朴实无华。

中国人最擅长用食物拉近人与土地的关系。与厨师来一次交谈的机会，只有在小吃街的露天摊位才能获得。

在兰州，藏于街头的羊杂汤、牛肉拉面、酿皮，比起餐馆里的，更有一种调料碰撞出的鲜明味道。师傅熟稔地握着汤勺，放在案上的碗里瞬间盈满热乎乎的汤，那架势比酒馆里调酒师不差分毫。师傅与顾客热情地交谈着，手上的动作却不停滞，汤勺一抖，大块大块的牛肉便碰撞着，滚入浓郁汤汁浸泡的面条中，豪迈而洒脱，有着西北人的实在。

在武汉，热干面身为著名的过早小吃，是这座城市的灵魂。早晨八九点钟，小吃街就人头攒动，空气中弥漫着浓郁的酱香。捡一张塑料凳，坐下，看老板搅动着酱汁，淋入面中，再撒上一把葱花，与面相映成趣。大快朵颐后，香意直冲心底，独特的风味像极了武汉人的直爽。

而在山西，街头店铺售卖最多的，除了面食便是凉粉。土豆、淀粉与水，看似普通的联动，却在山西人手中凝结，变成了凝胶状的凉粉。以醋为主料调制的蘸水，辅以莲花豆、葱花和香菜，加上一勺灵魂般的辣椒油，把清亮的凉粉染上了颜色，叫人垂涎欲滴。夏日里常有游客来山西游山玩水，走累了，一碗凉粉便足以消除疲惫，消除炎热，也代表了山西人的好客与热情。

路边小吃，一种为了老百姓而诞生的独特类别，汇千万种风味于一体，集乡愁风情于一身，平凡而又伟大。它区别于正统菜系，花样百出，滋味无穷；它建立起人们与城市的联系，融入当地人的温情。纵然廉价，却是人们生活中不可或缺的味道。

味道塑造生活，正是人间烟火，至味清欢。

习作点评

　　作者构思精巧,思路清晰。用三个地方的名小吃诠释自己对"味道"一词的理解。这种"三江汇流"式结构,便于让读者感受到食物的美味,以及美味的背后所散发出来的不同地域的人们身上的独特气质。西北人的实在,武汉人的直爽,山西人的好客,就是味道的根基。结尾句点明中心——味道塑造生活,人间烟火,至味清欢。

思路梳理

动动笔,写一写上面文章的行文思路吧!

真的不容易

世上的事，容不容易，全在于自己。在百年前那个黑暗的社会，有人靠自己的信念和理想，创造了一个个人生奇迹，实现了别人认为不容易的梦想，唤醒沉睡百年的"东亚雄狮"。

一

一个出生于安徽、成长于水深火热中的勇者。陈独秀先生立志要改变这腐朽的中国。从早稻田大学肄业，回国办起《青年杂志》（后改名《新青年》），他是青年人的导师，新中国的启迪者。他"一手托着国格，一手托着公理"，他为腐朽的中国带来希望的曙光，他让麻木的人民看到新青年的凌云壮志；他用手中的笔杆，呼喊中国人民站起来，唤醒那骨子里的热血。他痛苦过，不甘过，恻怆过，但他志向坚定，"遍地哀鸿满城血，无非一念救苍生"；他有着最无畏的勇气，不畏政府官兵，不惧牢狱之灾，在黑暗中摸索救国良方，他容易吗？

二

一个出生于河北、成长于生灵涂炭中的仁者。那时，中华民族正处在濒于危亡的边缘，守常先生就是在这样的历史背景下走上探索救国救民道路的。他东渡日本，就读于早稻田大学，尚未完成学业，便回到中国，力求探索出一条救国救民之路。他拿起笔宣扬科学与民主，他张开嘴呼喊民众站起来。他洒下豪言："一百年以后的中国，他必会证明我今天的观点。"为了信仰，他踟蹰过，纠结过，痛苦过。他身先士卒，英勇入狱，坚守信仰，最终惨遭绞杀。他为国奋斗一生，初心不改，坚贞不屈，大义凛然，他容易吗？

三

一个出生在浙江、成长于腐朽麻木中的智者，一生与救民结下了不解之缘。他弃医从文，执笔为刀，化为人们精神上的医者，人们称他为"民族魂"。鲁迅极度唾弃那个浮云遮日的社会，于是愤然起身唤醒沉睡百年的"东亚雄狮"，他扛起了新文化的大旗，成为新文化的急先锋。"惟有民魂是值得宝贵的，惟有他发扬起来，中国才有真进步。"面对这个无药可医的国家，他失望过，彷徨过，呐喊过，付出了最实在的努力，最忘我的奉献，最坚韧的坚持。

他病入膏肓却依旧忘我地工作,他容易吗?

"唯大英雄能本色,是真名士自风流。"那些抛头颅、洒热血的革命先辈真的不容易,但他们用这份不容易为今天的我们换取了一个风雨不侵的家,如今,国家昌明,四海安定。

这盛世,如先生们所愿。

习作点评

  三个片段,书写三位伟大人物,结构紧凑,内容丰富。作者在每一个片段结尾,都用相同的句式引人思考。看似在发问,其实是用反问句强调"不惧牢狱之灾,在黑暗中摸索救国良方""初心不改,坚贞不屈""最实在的努力,最忘我的奉献"都是真的不容易。"唯大英雄能本色,是真名士自风流"一句收束全文,彰显英雄本色的同时,让读者懂得珍惜今天的幸福生活。

思路梳理

动动笔,写一写上面文章的行文思路吧!

成长回眸

回望自己的成长之路，无数记忆在脑海中争先恐后地闪着光。——审视，我成长了吗？我问自己。

回眸成长，我拾起一块玻璃碎片。它诞生时那刺耳的声响犹在耳旁，旁人的漠视仍历历在目。那大概是我跨度最大的一次成长了吧——多日来的压抑，在水瓶摔碎那刻被泼天的孤独淹没，一个人，我一个人默默收拾好碎片，处理了被划出的伤口。几日的消沉过后，终于从它反射出的光芒中，坚定了让自己坚强起来的信心。有句话是这么说的："花香蝶自来。"玻璃碎片让我成长为更坚强的自己，它对我说："向前走吧。"

回眸成长，我看到一朵白色的纸花。倾盆大雨下雪白色调的葬礼，亲人止不住地抽泣，当中伫立着一个带着白花的我。那段时间我比旁人更少哭，也许是我知道比起悲伤，我更应该照顾一家人。和哥哥姐姐彻夜不眠地忙碌，换来了家人的欣慰一笑。出殡后，我睡了整整一天，再醒来，已经泪湿眼眶。我不知道自己为什么哭，可能是终于得空想起逝去的姥爷。我突然觉得自己长大了，能干事了。那朵纸花让我成长为更负责的自己，它对我说："向前走吧。"

回眸成长，我看到一只灰色的行李箱。那是我第一次离家，第一次去家乡之外上学。爸妈掩不住焦虑的叮嘱萦绕在耳畔，我打开行李箱，细心布置这个"新家"。教室外茫茫的稻田，我知道，那是我的新野。行李箱开了又合，合了又开。一星期后，我拖着这只行李箱排队离校时，看见爸妈在校门前冲我招手，我心中一暖，好像不知不觉中，又成长了一点。灰色行李箱教我独立，让我成长为一个不让人担心、令父母欣慰的大孩子，它对我说："向前走吧。"

回眸过往，我肯定地回答自己："我成长了，成长了很多很多。"那些或快乐或悲伤的记忆都是我的养料，它们对我说："向前走吧。"因为到达终点后，会看到比这些更壮观的美丽景色。我坚定地告诉自己："向前走吧，在抵达终点前，不要停留。"

习作点评

文章思路清晰,结构完整。作者采用"三江汇流"式结构,将成长中的三个片段呈现出来。段首采用相同句式,"回眸成长,我拾起一块玻璃碎片""回眸成长,我看到一朵白色的纸花""回眸成长,我看到一只灰色的行李箱"聚焦成长的场景;段末也采用相同句式,点出成长的意义是更坚强、对自己负责、不让父母担心。结尾段总结全文,呼应标题,点明中心。

思路梳理

动动笔,写一写上面文章的行文思路吧!

为自己赋能

巍巍华夏，英雄文豪辈出。观青史，汲取其融于字里行间的生命力量，为自己赋能。

屈原著《离骚》，高唱"既莫足与为美政兮，吾将从彭咸之所居"，爱国之音、强国之愿久久回荡。读之，为自己赋能，屈子赋予我爱国的力量。

尽管郑袖的枕边风消磨了他与楚怀王的伴读之情，即便靳尚因嫉妒而离间了他与楚怀王的君臣之义，但他不怨不恨，行汨罗江畔，怀抱巨石，投入万顷波涛。身为三闾大夫，他为大楚而生；作为楚国臣子，他为百姓而活。国破，何以家为？唯有以身殉国，以死示诚。他的忠魂鞭策着后人，他的文字为我赋能。

从草圣的墨宝中，汲取能量。从他日书万字的毅力和书法的入木三分中汲取为自己赋能的力量。

行僧万里路，墨宝垂千古。天下第一行僧，亦为怀素。他出生于陋室，成长于寺庙，行走于江湖，仙逝于笔冢。六十余年的一生，从未停止过书法学习。为学习，他偷看文书古籍，不知罚跪过多少次；为学习，他种下十里芭蕉，建下千年笔冢；为学习，他穿梭于大唐，在广州碰壁，在岳州出名……后来，即使坐高车大马，住亭台楼阁，他还不忘向颜真卿求教，与张旭互相切磋。"墨池飞出北溟鱼，笔锋杀尽中山兔"，就是在这无尽的学习中，练就了"气吞万里如虎"的天下第一狂草。

坡仙的诗赋为我赋予能量。一句"也无风雨也无晴"，赋予我逆流而上的力量。

黄州、惠州、儋州，仿佛授官后的他被贬的脚步从未停止。"乌台诗案"，他差点性命不保；次次左迁，疾病也差点要了他的命。但他与命运一次次地抗争，仿佛那一贬再贬，只是为了让他更好地培育词圣的文学果实。他不会长久地郁闷，而是用挥洒的笔墨证明他内心高尚的一切。他治洪灾，抗疫病，开垦东坡。不因小人愤愤不平，只以为百姓造福为乐。他不介意曾经的政敌王介甫，只管与他携手游山水，朝暮谈古今。他不惧怕，不忧愤，乐观豁达，所以他是苏东坡。

青史阅尽，回忆几许。遇见汨罗江边屈大夫低头叹息；在黄州拜见苏子瞻；在芭蕉绿影中，见藏真醉写太白诗。从他们身上，悟会爱国的力量，意会学习与豁达的真谛，为自己赋能。

习作点评

本文采用"三江汇流"式结构展开。开篇点题,"观青史,汲取其融于字里行间的生命力量,为自己赋能"。接下来,用三个近乎相同句式"他的忠魂鞭策着后人,他的文字为我赋能""在草圣的墨宝中,为自己赋能""从坡仙的诗赋中,为自己赋能"来突出主题。层次分明,内容丰富。小作者历史知识丰富,语言富有文采。结尾收束全文,深化主题。

思路梳理

动动笔,写一写上面文章的行文思路吧!

主题篇

对于写作而言，落笔之前要先定主题，所谓"意在笔先"强调的就是这一点，题目不同，选材千万，相对应的主题也就呈现多彩多姿之态，展现异彩纷呈之势。将不同主题进行梳理归纳，归结出不同层面的主题方向，在不同的主题统领之下，再进行细化，从而便于写作者对自己的作品进行梳理对照及再修改。鉴于此，本书结合初中阶段学生成长特点及认知情况，将写作主题从五个方面进行分类梳理，并辅以不同的微主题作品，供写作者借鉴。

写作主题分类

	一己情感	成长励志	家国情怀	文化传承	地域文化
相关微主题	亲情 友情 师生情 生活情趣 ……	心灵感悟 精神品质 认知思考 理想情志 ……	爱家 爱乡 爱国 爱世界 ……	了解 体验 传承 思考 ……	地方风物 地方人文 地方文化 ……

一己情感

对于写作者来说,写作的过程往往涉及摹形记事,而在其基础上,还要抒发一定的情感。情感的触发点常常是和自己产生过联系和交集的这样或那样的人、物、事等。对于初中阶段的学生来说,其生活范围和生活经历的限制,使得亲情、友情、师生情等都成为其最常有的情感,但其他方面如对英雄人物、平凡草根、文人墨客等生发的别样情愫也值得关注,更值得一写。除了对人的关注,自然乃至世间万物也是触发人的情感的常见因素,对诸如自然万物、典型事物等的情感的抒发,既可以以情取胜,又可以情理兼有。而情感与哲理的比重,一方面与学生的认知、阅读视野相关,另一方面和描写对象、叙述主体及文体有关,可根据实际情况和具体要求灵活调整。当然,对人物和事件产生的情感也是如此,情感的生成和思考的产生都是随着写作者年龄阶段的变化和认知的提升而变化的,在这一方面不需要刻意求得,更不能随意拔高,如此才能使得成文的选材和主题有水乳交融之感,行文也才能有水到渠成的效果。

习作示例

真的不容易

白雾蒙蒙,沸水滚滚,我小心翼翼地将洗好的米倒入砂锅,盖上盖子,站在锅边静静等候。还是第一次熬这么复杂的粥,真的不容易。

等待很是煎熬。米跳粥响,掀开锅盖,锅中漩涡翻卷,锅边泛起的泡泡鼓了又灭,灭了又鼓。调小火,慢慢熬,接续着把煎锅热好,我开始笨手笨脚地撕扯鱼皮。"呀!"刀刃刺破了手指,血流了出来,瞬间浸入鱼皮细密的纹路里,仿佛要灌注到鱼儿湿黏的血管中,让它起死回生一般。我处理好伤口,忍疼按压着鱼皮,把它划切成大小不一的方形,甩到干热的煎锅里。"刺啦"一声,鱼皮扭动了一下,霎时蜷缩起来,变得薄而脆。

　　走出厨房,来到卧室,我想要叫醒母亲,可母亲还在沉睡。她的胃病又犯了,蜷缩在被子里,我不敢拉起被子,生怕她也像那鱼皮一样单薄。俯身探视,只几根白发裸露在外,似在表露母亲此时的煎熬和彼时的不易。

　　母亲的胃病是为我熬出来的。每天早早起来做饭,我吃饭时,她不是洗衣就是扫地,等忙完才去吃。有时为了赶时间,她只吃一两口,甚至一口都不吃就骑车送我。就这样,日复一日,年复一年,母亲的不易却换来了胃病。

　　"咕嘟咕嘟",厨房里传来米粥的"呼喊",我连忙回到厨房,盛粥,放鱼片,端进卧室。"妈,喝粥。"我朝向倚在床头的母亲说。"嗯——嗯——"我想问问母亲还疼得厉害吗,又怕这问候过于苍白;我想问问是不是爸爸之前就熬这样的粥缓解母亲的病痛,又怕这话语显得多余;我想问问我还能再做点什么,又怕这问话太过无力……明明想说很多,却不知怎么说出口,表达爱意真的不容易!

　　母亲睁开疲惫的双眼,连声回应:"好,好。"我突然忆起小时候母亲喂我吃饭的情景,"来,嘴巴张大,吃得真香""好,真棒,再来一口""哎呀,又吃完了,结束战斗"……第一次做母亲,她怎么那么多逗引孩子的话语?对她来说,和稚童沟通怎么那么容易?

　　看着眼前的粥,我好像明白了。

　　粥是火神之手搅拌出来的,米与水融合,没有缝隙。我就是那米,母亲就是那水,她用爱意将我围裹,用辛劳不易将我养大,我们之间也没有距离。那么,爱就大声说出来吧,即使表达真的不容易!

　　再看那锅粥,有亲情的温热,有孝顺浓稠,芳香四溢……

习作点评

　　一个孩子为妈妈熬鱼粥的故事,围绕"真的不容易"这一关键词,通过孩子"熬鱼粥"的过程和"表达关怀"的行为和想法,将一个孩子做饭的不容易和青春期孩子在表达情感时的不容易淋漓尽致地表现出来。无论是劳动的不容易还是情感表达时的不容易,都吻合当下初中阶段学生(特别是男生)的特点,充分展现了小作者和生活的贴近,体现了"写作从生活中来"。其中小作者在表达情感时的羞涩和回想妈妈养育自己时的投入形成了鲜明的对比,由此将"亲情"主题向读者铺展开来,再借助最后两段的比喻和描写将全文推向高潮。

思路梳理

动动笔,写一写上面文章的行文思路吧!

等 待

用一个拥抱,让等待的心落地;拿一束康乃馨,让温暖的情绵长。

小时候,妈妈还是一家公司的小员工,工作不太忙,每天都要准备一大家子的饭菜。放学回家,妈妈准在阳台上遥望,等待。打开门,扑面而来的总是妈妈的拥抱。拥近,抱紧,贴着妈妈的心,软软的,暖暖的。

但那时并不明了等待的意味,只是期待那一个温暖的拥抱。

冬去春来,我上了初中,母亲也升职加薪成了主任。每天回家,再也看不见那翘首等待的身影,盼不到那温暖甜蜜的拥抱。她加班到家,我已进入梦乡;我醒来上学,家中只留饭菜飘香。

但那时不敢奢望等待的结果,只是渴盼那一段亲子时光。

母亲节前一天,放学回家路过一家花店,满溢而出的花香让我禁不住驻足,屋里的康乃馨仿佛探出笑脸招呼我:"小姑娘,买花吗?送给母亲。"花香沁脾,花语入心。

已是万家灯火,那条走过千百次的小路,依然没有母亲的影子,只弥漫着康乃馨的香气。屋里,花瓶中的康乃馨高昂着头颅,片片花瓣叠积,那挤出的条条边线,远远看去,仿佛岁月镌刻在妈妈脸上的皱褶,向着无边的黑夜蔓延开去。直到一束光把黑幕划开一个口子,"啪"的一声,门开了,妈妈回来了。

我兴奋地拿起康乃馨奔向妈妈,妈妈呆立在门口不动了:"这,你,我……"看着语无伦次的妈妈,我紧紧地抱住了她,在她耳边柔柔地吹动:"妈妈,母亲节快乐!我爱您,妈妈!"情语呢喃,花香满怀……

那一刻,我终于明白了等待的意义:等待是母亲倚门望子的深情,牵挂儿身,惦念儿行;等待是母亲为家奔波的付出,养儿爱家,亲子护家;等待亦是儿女深夜候母的孝意,感恩娘亲,感念亲情。等一份母子深情,待一种母子情意,等待并不漫长,只因亲情延绵悠长。

习作点评

　　单向流动的情感固然可贵,双向流淌的感情更值得让人呵护。此文的小作者捕捉到了生活中和母亲之间的互动与相处,从少年时母亲等待"我"放学归来,到年龄稍长后"我"等待工作忙碌的母亲回家,再到后来"我"感念母亲的养育之情为母亲准备母亲节花束,等待向母亲表达感恩之情和爱意,全文紧紧围绕"等待"这一关键词,将母女双向奔赴的亲情展现在读者面前。最后一段对"等待"意义的阐述,既对应前文三个情节,又是对"等待"的意义的总结,既点题又深化了主题。

思路梳理

动动笔,写一写上面文章的行文思路吧!

_____

_____

_____

等 待

　　等待,是人间最美的词语,多少企盼、思念与担忧都系于这一笔一画之中。成长路上,我与妈妈都在等待,等待彼此,等待成长和爱。

　　上小学时,妈妈都会在校门口等待着我。傍晚时分,夕阳给天边的云霞穿上了鲜艳的衣裳,教室中的我也被这柔和与绚烂逗引着,满心想着和哪个朋友去游操场、逛校园,完全不把在门口等待的妈妈放在心上。下课后,我和同学不是在校园这头挖点土,就是在那头摘点花,跑够了,玩够了,才想到回家,想到等待在门口的妈。天真的我把妈妈的等待看成理所当然,肆意地无视,任意地忽略。春寒夏雨,秋风冬雪,妈妈在等待中生了白发,多了皱纹。

　　等待,包容了我年少时的天真和自我,让我这棵幼芽放肆地汲取营养,疯狂生长。

　　步入初中,我开始自己骑车上学,不让母亲再去等待。一天下午,天边的云朵聚集在一起,遮住了蓝天,遮挡在我们与晴天间。大雨伴着最后一节课的铃声倾盆而下,泼落了树上的花,狂刷着车区的车。我该怎样回家?也许校门口还有等待着我的妈妈!大雨依旧,校园瞬间开满了伞花,父母呼子声、车辆鸣笛声……声声入耳。而我,没有伞,没有家长的等待,没有汽车的庇护。一咬牙,我直冲车区。这次无人等待,只有自己才能将自己带回家。做一只迎击风雨的海燕吧!独立自强,无所畏惧。回到家后,我已满身湿透,但我却可以等待加班中仍牵挂着我的母亲归来。

　　等待,催生了我的蜕变和成长,让我稚嫩的枝条慢慢地抽芽,悄悄生长。

　　周六,原本是一家三口出行的时间,但爸爸出差,妈妈加班,留下我独自一人在家等待。屋外乱蝉鸣叫,院内浓荫遮阳。写完作业,闲逛小院。院中的香椿树,不知不觉多了一棵,大约是大树的子嗣吧,长在了墙边,每天静待阳光,等待成长。这时妈妈正好下班,我也早已炒好了几个简单的菜,不用等待。

　　等待,加速了我的独立和成熟,把我练成墙边的小香椿,长成大树。

　　等待的慢时光,爱意满盈,温润如玉。

习作点评

　　小作者开篇破题"等待""等待彼此""等待成长和爱",随之逐层深入,"等待,包容了我年少时的天真和自我""等待,催生了我的蜕变和成长""等待,加速了我的独立和成熟",结尾处升华主题"等待的慢时光,爱意满盈,温润如玉"。字里行间中透出自己对生活的感悟,写出自己不断"汲取营养、悄悄生长、长成大树"的过程。语言流畅,对日常生活进行抽丝剥茧,挖掘出"等待"的主题,有思考,有感悟。

思路梳理

动动笔,写一写上面文章的行文思路吧!

我心中有一粒种子

盛年不重来,一日难再晨。及时当勉励,岁月不待人。

埋下种子

麦浪翻滚,像金黄色的扎染,又像色彩浓重的油画,我和奶奶踩着松软的泥土走在田间。目光所及,有一块空地,我激动地喊着:"奶奶,奶奶,这里有空地,我能在这里种一朵花吗?"奶奶把花种交给我,挖土,撒种,填土……我急忙串联起这些动作,生怕耽误了一个生命的萌生。

种子播下,动作完成,我心中一粒名为"行动"的种子也悄悄地发了芽。

花开灿烂

学业漫漫,像越不过的苦海,又像攀不过去的高山。年级升高,压力也在不断加大,脑子早已被一个个数学符号和一个个英文字母填满,睡梦里也只剩下一个个化学方程式和一个个实虚词,那曾经亲手播撒下花种的小块空地早已被我抛之脑后。直到奶奶打来电话:"孙女,你种的花开了,什么时候回来看看啊?""回头吧,我学习太忙了,过一阵再回去吧。"

好像每一次我都想着"下次一定去",对我来说下次就是将来,而对于奶奶来说,"下次"好像意味着"没有几次"了。

那一刻,心中那粒"行动"的种子仿佛经历了大旱般萎靡不振。

果实满枝

假期如约而至,想起那片"小花园",我决定付诸行动,要回去看看。

坐车穿过一条条盘旋公路,奶奶家很快就到了。我激动地跑去那片小花园,可这里哪还有什么鲜花?哪还有什么怒放?只有一地残败,只剩一片狼藉。

我终于明白,等待是有风险的,有时候等待就是一种错过。无论是等待花开,还是等待亲情。

那一刻,我心中那粒"行动"的种子疯狂生长。

回到家,俯身于桌前,我不再做自我感动的"假努力",而是努力做到文言文不止会背诵更要会默写,理科题不止听懂更要会做,英语不止会读更要会写。当然,每天必天不可少的还有不打折扣地给奶奶打一个电话。

就这样,行着,动着,行动着……我知道,我还会再次种下一粒种子,而这粒种子一定会果实满枝。

习作点评

作者"心中的一粒种子"非常明确——"行动",并将"行动"这一主题贯穿全文,精心布局,双线并行,一方面是与奶奶一起种下鲜花的种子,另一方面自己心中"行动的种子"悄悄发芽,随即设置情节波澜,鲜花残败和狼藉对应心中"行动的种子"萎靡,也因此获得顿悟"等待是有风险的,有时候等待就是一种错过",最后回归自己,行动就在当下,一切都来得及。全篇文章将自然界的种子与心中的种子巧妙结合,浑然天成,构思巧妙,字里行间凸显小作者细心的观察和对生活的感悟。

思路梳理

动动笔,写一写上面文章的行文思路吧!

_____

_____

_____

流淌在岁月里的声音

儿时,和爷爷奶奶住在乡下,听阵阵鸟鸣,看森森竹海,戏叮咚泉水,赏悠悠白云。那时候,邻家的犬吠声,田间的耕作声,是连缀起整个童年的声音。

再大些,记忆里的声音是奶奶站在田垄另一头喊我和爷爷的声音。那时候,爷爷总爱带我去稻田。夏天的稻田不似秋天那般金黄,是绿色的,生机盎然。爷爷总会牵着我的小手,在田里走啊走,还会教我几句诗,"水满田畴稻叶齐,日光穿树晓烟低""稻花香里说丰年,听取蛙声一片"……起风时,秧苗好似翻滚的波涛,一浪一浪的,涌远滚近,声声慢慢。一时之间,天地仿佛小了起来,只剩下我和爷爷。直到日薄西山,炊烟袅袅,奶奶叫我们回家的声音回响在田野,我们才起身。那时,稻田是无垠的,好像望也望不穿;那时,时间是无限的,仿佛用也用不完。

而如今,回响在耳畔的声音是琅琅书声,是跑操时的喊号声,是运动会上的加油声,是上课铃声和下课铃声的交响曲,是无数个夜深人静时笔尖划过纸张的沙沙声。

声飘音走,岁月远游,再回奶奶家,风吹田野,红了瓜果,黄了稻田。我帮奶奶包饺子,爷爷在田里散步。和面,拌馅,开火,揭锅……等着饺子熟,我和奶奶坐在小板凳上,聊着她儿时的趣事。

等一个个白滚滚的饺子浮上来,奶奶叫我去喊爷爷。迈出门槛,目光锁定在田野中那个小小的背影上。一时间,脑海里涌现出小时候奶奶叫我们的画面,于是,我学着她的样子喊爷爷:"回来吃饭喽!回来吃饭喽!"那一刻,眼前的现在和这样的以前叠加在一起,跑远又走近,跑过了时间,走成了岁月。

时间就此打着旋,穿梭在一个个轮回里,而那流淌在岁月中的声音,却始终不曾走远。纵使世事纷扰,我们也能透过世界的喧嚣寻到岁月的声音,能在茫茫人海中发现岁月长河中最值得珍惜的人。

就这样,慢慢地,从前成为现在,旧时光成为岁月。

习作点评

初读文章,就能感受到小作者词雅文练,清婉可喜,可见作者入木三分的深厚功底。再读文章,流连于小作者童年乡村"泉水叮咚声""邻家犬吠声""爷孙田间吟诵声",少年学校教室"琅琅读书声"、操场"奔跑呐喊声"和夜晚书桌前"奋笔疾书声"之中,在岁月流淌的声音中揭示珍惜时光、珍惜生命长河中出现的每一个人的主题。行文流畅,意境不俗,让读者不禁一读再读。

思路梳理

动动笔,写一写上面文章的行文思路吧!

_____

_____

_____

最动听的声音

　　小雨淅沥,撑伞徜徉雨中,雨点打在伞上,"噗噗嗒嗒",声音悦耳动听,我不禁想起童年打枣的声音。

　　那时我跟着奶奶住在乡下,家中有一棵老枣树,每到秋天,我就会缠着奶奶打枣吃。奶奶拿着一根长长的竹竿,左敲敲,右敲敲,"噗嗒噗嗒",伴随着动听的声音,那枣就一个跟着一个掉落下来。但奶奶最后还会留着一些不打,我就问奶奶:"奶奶,为什么不把枣全都打下来呢?"奶奶说:"因为要留下些枣儿,等到过年时给你做枣糕吃。"一听到"枣糕"二字,我肚里的馋虫就被勾引了上来,把打枣的事忘到九霄云外了。

　　八岁那年,因为上课与同桌发生了争执,我被老师叫到办公室批评了一番,回到家后我委屈地哭个不停。奶奶见我怎样也停不下来,又把我训了一顿,我哭得更厉害了。奶奶见状又心疼地一把抱起我,说:"走,奶奶给你打枣去。"来到枣树下,奶奶把枣全打了下来,"噗嗒噗嗒,噗噗嗒嗒",那声音像一块块石子投到地上,而那"石子"的甜美比声音更美妙。

　　十岁那年,不知怎的考试成绩"唰"的一下就垫底了,我既伤心又生气。走在回家的路上,一群鸟儿从头上飞过,"叽叽喳喳"地乱叫,让人我觉得连它们也在无情地嘲笑我,还有地上的石子,似乎也故意跑到脚下想要绊倒我。我一口气跑回家,丢下书包,拿起竿子一下又一下地朝枣树上打去,那枣"噗噗"地落下,狠狠地砸在我的身上,但那声音好像把我心中的悲伤都砸走了。

　　就这样,枣子每落一颗,我的悲伤就少一分,不知过了多久,我缓过神来,抬头看看,已是黄昏。一转身,看见奶奶靠在门框上,早已睡着了,我的眼眶一热,眼泪掉在地上,也掉在枣子上,噗噗嗒嗒……

　　而那之后没多久,我被父母接回了市里,奶奶依旧住在乡下,枣树也永远地离开了我。当我在城市里看到枣树的时候,却没了童年的那份乐趣,也没了奶奶陪伴的温情! 只有几乎看不到果儿的枣树,只有从超市里买来的冰凉却不甜的枣儿……

　　雨还在下,似乎变得大了些,雨滴狠狠地砸在地上,像极了童年时枣儿砸落在地上碎裂的声音,而破碎的不仅仅是枣,还有我的心。

　　也许,我只有在梦里才能听到那动听的声音了……

习作点评

　　文章充分体现小作者对童年在乡下用竹竿打枣的声音的怀念,那些看似不慌不忙的童年,已经成为回不去的过往,故乡的老枣树、故乡的奶奶、故乡奶奶用老枣树上的枣做的枣糕、打枣的声音、奶奶温柔呢喃的声音、童年挫败倔强不服输的声音、雨滴打在泥土上的声音……一切的一切都萦绕在作者耳边,一切的一切又已经成为回忆,小时候画在手上的手表没有动,却带走了小作者的时光,让人不禁追忆过往的美好。

思路梳理

动动笔,写一写上面文章的行文思路吧!

你的馈赠，点燃了我

你的馈赠是日历上的一张张照片，承载着我的童年；你的馈赠亦是日记本上的一段段文字，记录着我的青春。馈赠源于你手，止于我心，温暖着我，也点燃了我。

少时，你送我一个日历，当时的我只觉得那是写满了数字的稀奇玩意。"来吧，我们把照片贴在上面记录美好的旅程。"你手把手地教我把我们一家三口的照片贴满了日历的每一页：从热带海南到冰天雪地的黑龙江，从二里头遗址到兵马俑……那一张张照片、一本本日历是你的馈赠，是你饱含爱意的馈赠，它们被系上时光的彩带，温暖了我的童年，点燃了我热爱生活的心。

彩带飘飞，思念成灰，童年就这样飘走远逝，成为回忆里一帧定格的画面。你再度用馈赠敲开了我的青春之门，看着你送给我的日记本，我直呼头疼。你让我一天记录一件趣事，一周总结一件好事，一月写一件值得骄傲的事，一年写一次收获总结。于是，那欢快的故事、心满意足的成绩和象征荣誉的奖状，一件件、一桩桩、一次次、一个个，都潜藏在了日记里，和着你用爱写就的诗行，成了你给予我最好的馈赠，点燃了我向上的心。

当这颗向上的心因缺少了助燃剂而萎靡时，你轻轻地推开了我的房门，我猜想你要和我聊聊成绩，你却打开了紧抱着的箱子，轻轻地放，慢慢地启，像守护着世代相传的宝贝一般。看着黄旧的纸张，我知道那一定是被你翻过了上千遍的东西。纸张一页一页地翻，过往一点一点地溢，一本日记里满满的都是我，一本日记里是有了我的你，从初为人母到对工作和生活的兼顾，从养育伊始到教育之苦……那尘封的日记里有我出生到现在的生活，有你养育我的过程，有封存不住的守护和情意。

至于箱中剩余的两堆：一堆是日历，勾画了由我串联而成的时间轴；一堆是奖状，经过我和时光共同雕琢的成长里程碑。"一共三十七张，我记性可好了。"你骄傲地说。那自豪的笑在我心头荡开，激起层层涟漪，也点燃了我奋斗的心。

我终于明白了，你的馈赠何止是日历和日记，你的馈赠是爱，是融入了无尽心血的至爱。那馈赠由时间传送，承载着过往，温暖了现在，也照亮了我的未来，点燃了我的人生。

习作点评

　　家,一个简单的字,却能引起无数人的共鸣,每个人对家最初的记忆可能不一样,但家最终都是我们的归宿。作者讲述的家的故事比较平常,但是家中人与人情感的连接点值得回味——"馈赠何止是日历和日记""馈赠是爱""承载着过往,温暖了现在,也照亮了我的未来,点燃了我的人生"。如果每个青春期的孩子都有这样的认知,那么我们的家庭就会出现更多孩子与父母和谐的夜晚。

思路梳理

动动笔,写一写上面文章的行文思路吧!

_____

_____

_____

开在心中的花

桂花十里飘香，沁人心脾的香浸润着我的肺，每一次呼吸，都牵着我花开的童年。

友谊之花

秋日的花非桂花莫属，每个安详的午后，都有孩童去摘桂花。一路小跑，微微急促的呼吸，使花开时的香飘入心中。

在摘桂花的"大军"中，我是"老大"。我会吩咐哪些人带小凳，哪些人带袋子。跑到树下，一朵朵小黄花儿，明艳至极，黄黄的又带着香，谁能不爱？我多么想在心头种下一棵桂花树，让它在我的心底绽开，让明艳的黄笼罩我的心。摘桂花时，我们分工明确，有人摘，有人装，在那不平的土地上，甚至还有人扶凳子。摘下的桂花大家平分，此时至美。

落日下，一个个红红的背影走在田间，手中的袋子一晃一晃。晃着的是花，装的是我们香甜的童年。那童年友谊的花儿开在我的心中。

亲情之花

带回去的桂花是要交给外婆的，打开袋子，屋里满是香甜。外婆拿出桂花，那桂花和面粉在外婆的手上像开了花，巧巧地，融合在了一起。

蒸起桂花糕，就像是一朵小花开在了我的鼻中，好香，好香。外婆还会酿桂花酒，酿过酒的罐子里发出阵阵香气，像是里面开了一棵桂花树。看着外婆忙乎，我亦识趣地回房了。

那年中秋，父母回来了，开酒吃糕，一家人其乐融融，屋子里飘的香亦是浓浓的爱。桂花糕一口咬下去，甜甜的花儿开在了我的胃里，亲人对我的爱亦开在了我的心头。

人间之花

饭后，外婆会让我拿着一袋桂花糕和一小罐桂花酒去拜访街坊邻居，每家都会自取几块桂花糕，并倒一些桂花酒。临走时，还会给我一些炒货、糖块。回来时，我的嘴和衣服都是鼓鼓的。

这种礼尚往来的人情亦是甜甜的，邻里间的帮助，亦是一种质朴的爱。质朴的邻里情是一朵花，开在了我的心头。

友情也好,亲情也好,或是邻里情,都是我童年的甜,亦是开在我心中的花。

习作点评

"山河不足重,重在遇知己",深厚的友谊就在馥郁的桂花香中浸润;"黄昏吹着风的软,星子在无意中闪",浓浓的亲情就在甜腻的桂花糕中蔓延;"远亲不如近邻",和谐的邻里关系就在香醇的桂花酒中流淌。小作者幸福的童年被友谊、亲情、邻里情重重包裹,心中定是硕大无比的花园,定能为他筑起篱笆。

思路梳理

动动笔,写一写上面文章的行文思路吧!

_____
_____
_____

文火慢炖，炖出生活清香

一碗好汤，需要文火慢炖；生活亦是，总免不了等待。

——题记

连续数日投身考前复习中，想理解王摩诘大漠长河、孤烟落日的意境之美，也想感知李太白月若天镜、云似海楼的想象之奇，还有乐天的炼字之妙、崔颢的吊古伤今……知识的巨轮重重碾压而来，不肯等我半分。

入夜，心神似乎已被那些古人抽离而去，只觉饥肠辘辘，躲开比我还焦躁的父母，我用衣服盖住头，三步并两步跑进了楼下那家店面不大、顾客不多的小面馆。

"老板，来一碗面、一碗汤。"

"好嘞！马上就来，稍等片刻！"老板立即应道。

旋即，厨房传来火焰的腾起声和躁动声，还有和着墙壁上挂表秒针一起疾驰的切菜声，我随便找了个地方等待着。

半小时过去了，汤面还没有踪影。我快步走向厨房朝里面张望。"饿了吧？再等一会儿啊！大火不出汤，太快不出味。文火慢炖，保证你喝到不一样的汤！你再耐心等等哈！"

"慢炖！天啊！"我呆呆地望着炉灶上跳动的火焰，实在想不出有任何等待的必要。"小伙子，心急喝不上好汤啊！这店的汤就是招牌，再等等吧！"旁边的一位老爷爷一边望着汤锅，一边慢吞吞地说。

透过蒸腾的汤气，我看到锅底的火焰依旧攒聚在一起谈论着什么，像是在嘲笑我的浅陋，又像在评点我的焦躁。它们越说越起劲，有的争红了脸，有的跺脚气出了蓝，有的憋气脸黄了一片……一时之间，白的、黄的、红的、蓝的……那层次分明的火焰点亮了我的眼。

"文火慢炖，受热均匀。"老板将面和汤盛了出来，"久等啦，快吃吧！"

我迫不及待地想尝一下这文火慢炖的汤面，一箸面，一口汤，汤汁慢慢流进了胃，暖暖的，浓浓的，清香满溢，鲜美盈胸，味蕾瞬间被唤醒。其实何止味蕾，一同醒来的，还有我的心。

其实，生活就像这碗汤面，急功近利不可行，焦躁急切不可得，只有文火慢炖，才能炖出清香。也许生活中的困难总比幸福来得快，但懂得等待，学会坚持，就一定能生成这文火，炖出美好生活！

习作点评

在这车遥马急的时代,坐下来,歇一会,喝一杯不凉不烫的清茶,不纠结,不焦虑,好像已经成了奢望。作者因为考试的复习陷入焦虑,好在在面馆吃面后顿悟"只有文火慢炖,才能炖出清香"。其实赛场上的任何一个长跑运动员,都不可能用百米冲刺的速度跑完全程,我们的生活比马拉松比赛要长得多,只有"懂得等待,学会坚持,就一定能生成这文火,炖出美好生活"。

思路梳理

动动笔,写一写上面文章的行文思路吧!

_____

_____

_____

偷得浮生半日闲

童年时的悠闲和自在早已随着时间流走了，取而代之的是忙碌和压力，时常让我烦躁不已。终于，今天下午老师开会，就给我们"放假"了，多出来的这半日悠闲，我可得好好享受。

抱起吉他，翻出谱子，轻轻拨动着琴弦。吉他的声音是有颜色的，有形状的，有动作的。有时如流水，有时如流血，有时圆如雨滴，有时麻如荆棘，有时来自天堂，有时来自地狱，我就这样沉浸在这美妙的吉他声中，手指上下飞舞，奏出弯曲的弧线。"从此静窗闻细韵，琴声长伴读书人。"就这样，时间长了翅膀，在指尖跳跃中不经意地溜走了。

弹累了，我抽出一本书靠在桌边，享受地翻着书页。午后的阳光洒在上面，把书页染成了金色。我读"月上柳梢头，人约黄昏后"的浪漫，读"大风起兮云飞扬"的豪情。我和陶渊明一起"采菊东篱下"，摘一朵沾着雨水的菊花，走过南山下的每一寸土地，让这灿然的花瓣，了一眼庞然的气魄。"枕上诗书闲处好，门前风景雨来佳。"就这样，时间长了脚，在这字里行间的翻阅中悄悄地跑掉了。

合上书，在桌上铺一张宣纸，提笔，蘸墨，落笔。笔尖在宣纸上飞舞，我将手臂甚至全身的力量聚集在笔尖，或轻，或重，或缓，或急，如同一个洒脱的舞者酣畅淋漓地跳着舞。一点，沉坠如石；一横，平直如山；一竖，挺拔如松；一撇，轻盈如风。行云流水，一气呵成。我沉浸在这黑白世界中无法自拔。"八分一字直百金，蛟龙盘拏肉屈强。"就这样，时间长了手，在这一笔一画中静静地流逝了。

停停走走中，午后的时光也被消磨了大半，让我的心在阳光和微风中渐渐宁静。我潜身入那柔柔暖暖、喷香流溢的阳光的芳馨香气里，于心间镌刻阳光那份美——那份稍纵即逝却又永恒熠彩的美。

有些时间是用来做有意义的事的，有些时间似乎就应该追求无意义的事情，追求生活本身，享受当下。当我学会享受生活，我发现，生活依然可以很美好，而且有很多种方式。不是非得站在胜利者的位置上之后，才能够感受生活。生活是吃，是喝，是书香，是琴声，是墨香。生活是每个人的权利，享受生活更是人的天性。

偷闲，是为了更好地生活。

习作点评

  所谓的生活情趣,不一定是有钱,而一定要有闲。作者在自由可支配的时间里能把自己的兴趣爱好和情绪获得结合起来,得出"偷闲,是为了更好地生活"的结论,可见对生活有所思有所悟。此类主题需和素材的结合度特别高,需要用心整理日常生活素材,把生活中可用可写的材料进行梳理,进而使用。

思路梳理

动动笔,写一写上面文章的行文思路吧!

_____
_____
_____

成长励志

写作的过程伴随着少年成长的过程，成长不仅仅是生理和年龄的变化，更是心灵和认知的变化。对于同一人或物，不同时间、不同阶段的认识或对不同人、物相同时段的状态的对比，这些都可能带来一定的感悟和思考；而成长过程中不同境遇和不同经历带来的心志的磨砺和精神的蜕变则是一种特殊的体验。无论是心灵的感悟还是意志的磨砺，都不止于当下，也不仅仅限于一事一境，而是可以惠及其他、影响将来的。

习作 示例

等待下一次成长

月亮又被墨夜吞噬，仅剩弯弯一角，却仍散着皎白的光，钻窗进户，与台灯的光融为一体，搂住了灯光下飞舞的尘埃，成了深夜中难得的陪伴。

文字颤动，划入纸格，一如我忐忑的心情。心里清楚最后的结局却还要放手一搏，明明知道花落谁家却仍旧不想放弃。就这样，一笔一画，一行一段，我还是将整晚的心血浸入了《入团申请书》。

写下它，背诵它，交上它，不同的动作，却附着着同样的紧张。剩下的，只有等待。

投票了，看着黑板上他人名字下不断跳动的数字，自嘲地和同桌打趣："我一定会输得很惨。"好像有了这早已砌好的台阶，便不会一下失重，坠入失望的深渊。等待，等待，只能等待！

果然是意料中的票数，赤裸裸的结果，还是拆除了我找好的台阶。耳边爆起的哄堂大笑更让我所有的心理建设瞬间崩塌，我强装镇定咧咧嘴角，极力想融入这笑场，做一个事不关己的看客，但上扬的嘴角还是扯痛了我的心。"随意一点，淡定淡定。"我坚持披着伪装的外衣，拍着同桌的肩膀说。

这一切都被班主任看在了眼里,在她看来,埋头学习的我那么失落,那么无助。于是她叫我出去,打开了话匣子:从她的成长经历到少年的蜕变规律,从我的成长变化到青春的个性特点……盯着她开启的那个"魔盒",我仿佛看到了一个像我一样自信又自卑、自强又怯弱的她。随之而来的声声肯定、阵阵鼓励,霎时化作汩汩细流浸润了我。反身回到教室,我的心再次张开了自信的翅膀。

是啊!一个人的付出和努力不是非要等待每一个人的认同,努力做好自己,哪怕结果不那么完美,尽心尽力,无愧于心就好。为别人的看法而活,难免煎熬折磨;不为物喜,不惧外扰,为自己而活,才是生活。

只有慢慢成长的生活才叫时光,不然只是时钟无意义的摇摆。等待下一次机遇,等待再一次成长,时钟也在等待着它有意义的摇摆。等待虽漫长,成长却无价。

瞥望窗外,一轮红日照亮了灰暗的天,红光万丈。

习作点评

作者欲加入中国共产主义青年团的梦想如同一颗流星,划过天际,在坠落的瞬间化为尘埃,让人感受到梦想实现的艰难。但作者又是一个幸运儿,遇到了耐心开导、循循善诱的班主任,让我们与作者一起有所感悟,明白了其实等待也很浪漫,不要着急赶路,等待也许就是我们生活的本身,要在等待的过程中活好当下,有时慢慢成长的生活才叫作时光。

思路梳理

动动笔,写一写上面文章的行文思路吧!

在困境中奔跑

窗外,天色沉沉,雾霭茫茫,整个世界像隔着一层灰色的滤镜。窗内,我木讷地盯着杯中的水,像被施了定身法一样,身子和脑子都动弹不得。

持续下滑的成绩,无处安放的努力,这些最常见的"学生病"像散不去的迷雾一样围困着我,直到父亲叫我为他泡杯茶。

揭开杯盖,拈入茶叶,一个个干巴巴的茶丝毫无生气地躺在其间。提壶注水,壶中的水"你追我赶"地拥进杯里,一团白雾瞬间腾空而起。一片片茶叶也像被施了魔法一般,旋身跃起,在水中蹁跹起舞,如同飘飞的仙子,又似腾挪的精灵。浮沉间,共舞处,茶丝不再死寂,开始吐露新绿;杯壁处,蒸腾时,水色不再白皙,开始拥抱茶丝。茶与水,水与茶,浑然一体,难分彼此。

内心杂乱的思绪突然被这满溢的茶香折断了,我俯身靠近,惊奇地看着水中的茶叶:沸水中,沉身入底者有之,游乎其中者有之,力争上游者有之……但无一例外的是,它们都焕发出油亮而强劲的光。我的内心仿佛涌入了一股力量,茶叶的沉浮,不正像跌宕起伏的人生吗?于茶而言,与沸水相遇是一道坎,一道磨难的坎;也是一道岭,一道命运的分水岭。于我而言,成绩起伏带来的低迷和不知如何发力而生的迷茫是关,是求学者可能都会遇到的难关;也是石,是前行者磨砺心志的磨刀石。

泡好的茶端给父亲,我迎着云端透出的光,走向书房里探出的亮……

躬身入座,沉入书案。在试卷上改错、究错再纠错;于课本间找寻、圈点再摘取。从试卷到课本,追根溯源;由知识点到认知面,查漏补缺。蒙罩在试卷上的迷雾慢慢散去,围裹着内心的迷离渐渐明朗。这一刻,眼前的试卷不再压迫,卷上的红色不再刺眼,直至隐如茶水般的深褐。

而这暗沉背后,李白、苏轼也从字里行间跳脱出来,且吟且行,"长风破浪会有时,直挂云帆济沧海""竹杖芒鞋轻胜马,谁怕?一蓑烟雨任平生"……

是啊!谁怕!人之一生,总有困难会发生,总有磨难要面对,在坎坷中奔跑,才能在挫折中涅槃。唯如此,才能在好的时代来临时,不至于两手空空,被厌倦与悲凉拖垮,不至于拿不出任何像样的东西,献给这饱含热泪的生活。

习作点评

作者采用典型的"起承转合"式结构行文,通过"茶叶沉浮"的情状,冲破低迷不知如何发力的迷茫和困境。低头,拿笔,一个华丽的转身,作者已经化茧成蝶,在逆境中砥砺前行,涅槃重生。之后的作者已经不是两手空空,而是凌云志在心、羽翼丰满的雄鹰,已然做好了迎接热辣滚烫生活的准备。

思路梳理

动动笔,写一写上面文章的行文思路吧!

_____
_____
_____

慢下来，等一等

为什么不能慢下来，等等生命中的美好？

很是艳羡木心笔下《从前慢》的日子——从前的日色变得慢，车，马，邮件都慢，一生只够爱一个人。仿佛总有一缕情思牵着人们，守候，等待，等待岁月沙漏滴落，等待缱绻情意结果。于是，走进乌镇。青砖黛瓦的小巷，20世纪的木制窗棂，斑驳凹凸的门板，浸润着时光，慢慢等待着归家人；同样古朴的小店里，老式收音机偶尔送出些许"嗞嗞"的杂音；黄昏下，楼阁上，闲来无事的人们"咚咚"地敲着麻将，时不时掀起的叫好声炸起了楼下训小孩的声音；一位少年骑着破旧的自行车，穿梭在楼阁间的晾衣架下，大声喊着："让开，让开，快让开！"惊起了趴息在巷底的大黄狗……

小巷中的一切，慢慢地爬上书卷，像散文诗一般散发着芳香，等待着人们去嗅品。

不知你是否注意过，心向往之的巷景佳致往往只在"咔咔"的随手一拍中转瞬而过，心中牵绊的测验考试大多只在"哗哗"的碾压中次第而逝，融情入境的演讲到最后都免不了俗套模式……原因何在？

生活中的我们常常太过急功近利，不肯慢下来，等一等。殊不知，文火慢炖出佳肴，精雕细琢见良品，那些美好的东西往往需要时光的打磨，需要我们慢下来等一等，在等待中邂逅。

除却追求，还有交友。你有没有遇到这样的情形：同学们在讨论流行明星时，你不能提到莎士比亚；在盘点花边新闻时，你不可一脸懵懂。融入朋友圈的过程，就像一滴油融入水，明明同为液体，却总是浮于表层显得格格不入，久而久之便迷失了自我。

但要记住：我就是我，不一样的烟火。如果喜欢游泳，大可在游泳池边结识好友；如果爱读书，便可在书中结交笔友；如果有仗剑天涯的梦，哪怕身边还聚拢着他人的嘲笑，但也一定有人带着闪闪发光的眼睛笑着说："巧了，我也是！"

别急着否定自己！毕竟，人们都怕成长为自己最不喜欢的样子。慢下来，等一等，就会遇到最好的自己，觅得最好的知音。

朋友，慢下来，等一等吧！等晨曦霞光，等星汉银河，等一等挚友，等一等我们的心。

习作点评

"我就是我,不一样的烟火",作者的文字有烟火气,没有世俗感,有浪漫而不乏热情。流畅的文笔中凸显出作者是一个简单温柔而有力量的人,是懂生活的人,作者力图告诉读者"生活如茶,不仅要懂得如何去泡制,更要懂得如何去品尝"。同时提示读者:静下来,细细品;慢下来,细细等;等待邂逅,等待知己,等待自己的小日子、小生活和小美好。

思路梳理

动动笔,写一写上面文章的行文思路吧!

_____

_____

_____

最动听的声音

　　早莺啁啾，那是春天最动听的声音；秋叶窸窣，那是秋天最动听的声音。而那个夏天，我人生中第一场羽毛球比赛中的声音，在我听来，是最动听的声音。

　　那是一次全市规模的比赛，体育馆外彩旗飘飘，馆内高手云集。比赛的哨声刚吹响，馆内就热闹了起来，吊球，搓球，高远球，反手杀球……几轮下来，有人战败，有人晋级，而晋级的行列中也有我的一席之地。靠着速度上的优势，我打得那是一个如鱼得水，那是一个如虎添翼，一声声清脆而有力的击球声，是催我奋战的号角声，高昂雄壮，美妙动听！

　　感受着身体内能量的释放，我的体力也在一点点损耗，带着"初生牛犊不畏虎"的劲头，我杀到了最后两场。回球，防守，勾对角，推球……当我满以为可以轻松拿下这最后一场时，却被对手杀了个措手不及，一记记杀球让我疲于应付，只好转为防守：接杀，挑球，放网……我完全吃不消了，只有招架的余力。那清脆而有力的声音像敲击的战鼓，一声高过一声，声声震人心魄，真希望那是我的球拍击打而出的声音，可这响声却来自对手，对方的实力远远超出了我的预期。第一场结束，我以 7 比 15 的大比分落败，战鼓声声，声声砸在我的心上，再无美妙可言，再无动听可谈！

　　注定要遗憾离场了吗？不！"一鼓作气，再而衰，三而竭，"我心里暗暗地说，"彼竭我盈，我要等待时机杀回去！"

　　最后一场来了，我和对手都紧紧地守住了网前，斗网一度持续：我挑起，他继续打；他挑起，我接着打。就这样几个回合的连攻，我抓住了对手防守失误的漏洞，压正手后场，杀球的力度更强，进攻的力度更猛，终于把他逼到了无力还击的地步。

　　球拍击球的声音依旧清脆而有力，还有我不时的嘶吼。一记跳杀，我终结了这次比赛！瞬时，呐喊声、欢呼声、鼓掌声、口哨声……无数的声音从四面八方涌来，但我的耳畔却清晰地响着那一声声击球的声音，那最动听的声音！

　　走出赛场，走入学习的战场，击打羽毛球的声音时常回响在我的耳边，那是最动听的声音，也是让我自豪的声响，更是使我振奋的号角。"夫战，勇气也。"比赛如此，学习和人生亦如此！

习作点评

　　文章气势豪壮,让人读后久久不能平静。在作者笔下,所有胜利者都是能够在机会降临时果断行动的人,在必须要拼尽全力时毫不吝惜一丝力气,就像作者拼尽全力和智慧击球。这种拼尽全力而发出的声音是最动听的声音,这种声音充满力量和决心,一定会传递给每一个人,也会关联到学习和人生。

思路梳理

动动笔,写一写上面文章的行文思路吧!

挂着眼泪的笑窝

站在泰山脚下，望着比山色还要浓重的阴云，我更加坚定地认为这不适合登山，我也登不上山。可是禁不住妈妈的"软磨硬泡"，别样的"泰山之旅"还是开始了。

果不其然，刚爬几分钟，天空就洒下了雨点，雨点一滴滴汇聚在石阶上，使得本就不好走的路多了些湿滑。没办法，只能放慢速度，这又滋生了枯燥和乏味。"还是自己找点乐子吧。"我的目光从平整的台阶移到了旁边凹凸不平的小路，坦途固然好走，但终究少了几分野趣。我大胆地站在少有人行的路上开始挑战，可刚刚感受到些许乐趣，一个不小心，我就一脚踩空摔了出去，膝盖顿时被殷红浸漫。

这次意外负伤更加坚定了我下山的心，我死活不想再往前一步，什么"登泰山而小天下"，什么"会当凌绝顶，一览众山小"，这些之前渴盼过的雅趣统统不见了，有的只是流血的膝盖和受伤的心！妈妈见状也只好答应。

下山路上，一队挑着担子的人正迎面而上，为了避让下山的行人，他们自然成了一列纵队，不失齐整，保持劲拔。每人肩头都有一根担子，每根担子的两头都挂着不同的货物。担儿弯弯，却压不弯他们的腰板；肩头颤颤，却摇不乱他们的腿脚。一只臂膀甩动，每一次抡起就像拧动发条，每一次放下都像按动气门；一只臂膀绕过扁担又搭放在担子上，一时之间让人分不清那肩上的是担子还是臂膀。这就是泰山挑山工吧！我不禁好奇起来："他们每天挑着重担上山下山不累吗？为什么他们看起来那么轻松平常？"妈妈听着我幼稚的问题说："他们肩上挑的不仅是货物，也是一个家庭，是他们父母手中的药，是他们孩子的美好未来……"我似懂非懂地看向妈妈，只见她的眼里有亮亮的东西闪过。

"我们继续爬吧！"我毅然决然地转身，和挑山工同向而行，不同的是他们需要负重前行，而我只要背负勇气和毅力。我一口气爬到了山顶，望着踩在脚下的泰山，一种前所未有的成就感油然而生，那一刻我笑了，只是笑中还带着泪花。

一段旅程结束了，人生却刚刚开始。人生于世，没有人不喜欢笑，可是含泪的微笑才是人生的常态。想必挑山工也是在经历了无数次眼泪的洗礼后才绽放出平和坚强的笑靥吧，一如我铲除了心魔成功登顶后挂着眼泪的笑窝。

习作点评

爬山的乐趣可能不仅仅是山间空气的清新、草木的芬芳,更是因为汗水浸湿了衣衫,心中高涨的热情。作者笔下有一股无形的力量,它驱散了作者心中的懒惰、怯懦和彷徨,让人坚定不移,勇往直前。扶着粗糙的岩石,迈着沉重的步伐,吹着肆虐的冷风,顶着炽热的烈日,踩着松软的泥土,抹着不禁流淌的泪花,一步步向山顶逼近,感受胜利的喜悦!

思路梳理

动动笔,写一写上面文章的行文思路吧!

心中有你，让我心沐阳光

手捧书籍，赏美文，嗅墨香，在字里行间发现美好，用品读领悟和留住时光。心中有你，让我不惧风雨，心沐阳光！

与你初识，你是身穿五彩衣裙的小姑娘。眉眼如画，像蹁跹于花丛的蝶，又像低旋在雨中的燕。在你的带领下，我和顽皮小兔一起逃家，和美丽的白雪公主一起摘果采花，和蓝精灵一起打败了格格巫守护了家……尽管你的名字千变万化，叫"绘本"，叫"童话"，叫"故事"，但无一例外都在告诉我什么是真善美，什么是假恶丑……在那以后，我所走的正直路，所踏的勇敢道，皆因心中有你！

与你相熟，你是才华横溢的诗人词家。你带我到峨眉之巅，观青山吐月，感水月偕行之妙，我们低吟"峨眉山月半轮秋，影入平羌江水流"；你邀我至西湖之东，看早莺争树，问燕落谁家，我们笑谈"乱花渐欲迷人眼，浅草才能没马蹄"；你引我到塞下边陲，听四面角声，饮一杯浊酒，我们慨叹"人不寐，将军白发征夫泪"……尽管你来自不同朝代与时期，或盛唐，或中唐，或北宋，但无一例外都带我用文字丈量祖国的大好河山。风景不绝，心情不老，心中有你，一方之隅亦为天地，尺寸之间也有山水。

与你相知，你是循循善诱的人生导师。你说，不倒大厦中必有支撑之脊，不垮城邦后定有卫国之梁，你给我讲《红岩》的故事：面对敌人的威逼，成岗大义凛然，写下"自白书"；满怀对革命的忠诚，江姐意志坚定，狱中绣红旗；生死攸关之时，许云峰舍己为人；为了争取胜利，华子良装疯卖傻……一个个鲜活的形象，一份份火热的赤诚，让我的心也为之沸腾。今日国家的繁荣与昌盛，我们生活的幸福与美好，是无数个"他们"勇抛头颅、甘洒热血换来的。沉重的铁镣锁不住他们高尚的灵魂，阴暗的牢房困不住他们坚定的信念，红色经典，在你的解读下，我深知幸福来之不易，我辈当倍加珍惜！心中有你，方不负先烈不负国之所期；心中有你，才能勇挑重担，使华章再谱，荣光再续！

轻拢慢合，书归位，心回味。窗外，天空湛蓝，阳光正好。心中有你，无惧风雨！

习作点评

儿时读书，童话、绘本教会小作者走正直的路，踏勇敢的道，从而遇见更好的自己；少年读书，古人圣贤让小作者享受"一方之隅亦为天地，尺寸之间也有山水"，眼睛到不了的地方通过文字实现了；青春读书，文学名著激起小作者爱国热情和担当意识，有"使华章再谱，荣光再续"的理想。书中卧着世界的高贵灵魂，读书可以经历一千种不同的人生，阅读又让灵魂有独行的力量，让人不惧风雨，心沐阳光。

思路梳理

动动笔，写一写上面文章的行文思路吧！

心中有你，让我懂得惜时

云卷云舒，风起风落，天边的那份赭黄也渐渐蜷曲，像断了筋脉的枯叶，从我的眼前飘落。它尚且知道飘向何方，为何我的心旌摇曳，摆动不定？

或许是迟迟无法从百无聊赖中走出，抑或是因自习时的无所事事而被批评的阴影挥之不去，我把自己藏在黄昏的衣袍里，悄无声息地溜进了家。

躲过了妈妈"紧箍咒"般的关怀，却躲不过桌面上那个绽开的笑脸。那是生日时妈妈送给我的笑脸闹钟，圆圆的脸盘，弯弯的眉眼，一双撩人的小手从表盘两端伸出，一左一右，一上一下，随着脸颊上跑动的秒针一起，摆来又晃去，一副誓与指针争高低的架势。此时，这可掬的憨态却成了赤裸的挑衅："又溜号了？还是又神游了？"它嘟起的小嘴像是举起的放大镜，放大了我的毛病，也放大了我心里的痛！我烦躁地抬手一扣，它就直直地趴在了桌上，"滴答滴答，滴滴答答……"它呼叫的声音在静寂的夜里显得格外大，格外重，重得像一枚枚钉子钉在了我的心上，我回手把它翻了过来，它却赌气一般叉着双手，似乎在说："抛弃时间的人，时间也会抛弃他！"

"我不想被抛弃！"习惯了被爱包围的我竟慌了神，我开始调整坐姿，俯身弯腰，头埋入书，眼及于本，查知识点，订正错题，用例题推解新题，从旧知迁至新知……我要抓住时间的手，拔除它钉在我心上的钉子。

拔钉不易祛痕亦难，之后的自习课上，我按下了东张西望的头，也按捺住了躁动的心，时而刷题时而习字；课前几分钟，我备好了上课的资料，开启了预习模式；回到家，我对各科作业"排兵布阵"，逐一解决，各个击破……计划表被勾画得多彩而美丽，一如笑脸闹钟绚烂的笑容。是的，你已在我的心里扎了根，我的笑脸闹钟。心中有你，时间似乎也能静止，任我驱使；心中有你，让我知晓了时不我待，懂得了惜爱惜时！

之后，我更把你放在心上。排队做核酸检测时，我会带上一本书；吃饭睡觉前，我会听一些诗词歌赋；刷牙洗脸时，我会默背几个单词……从时间的"尾随者"变为"惜时达人"，从表现平平到三好学生，有你驻我心间，有你伴我左右，我收获了所有！

又是一年秋风至，又逢一树叶飘零，看着回旋飞舞的落叶，看着它们直直地扑向大地，我知道落红有情，岁月亦有情，那于春泥中萌发的生命正如经住了时间历练的你我，年年如新，岁岁有得！

习作点评

　　一个不懂得惜时的少年,一个平平无奇的闹钟,一人一物,人从物中获得启示,物与人之间有紧密的情感联系。一篇主题指向惜时励志的文,也可以在主题设置上突出"母爱"这一点,如此便可以使文章变成双主题文,同时在结构上也成了双线索交织的文章。

思路梳理

动动笔,写一写上面文章的行文思路吧!

你的馈赠,点燃了我

"仰观宇宙之大,俯察品类之盛,所以游目骋怀,足以极视听之娱。"轻吟慢诵时,你的身影闪现于眼前,你的教诲映现在心间,我的恩师。幸而得你馈赠,点燃了我对书法的热情。

与你相遇在草长花开时,那时的你正挥毫写就一个"和"字,气凝神聚处,手起笔落间,一个气度雍容的"和"字跃然纸上,线条流畅,点画凝练,自然地嵌在"天朗气清,惠风和畅"的文字里,和屋外高朗的天、舒展的云互相应和着,雅致而自然。

而我却耷拉着脑袋神游于这美景之外,练字的枯燥,习字迟迟没起色的懊恼,让我的心很难再停留在课堂。正当我的头几乎要贴向桌面时,你宽厚的大手攀上了我的肩膀。"给,这本字帖送给你了!"你一边说着,一边把书推到了我的面前。"兰亭集序"四个大字潇洒地伫立在了桌上,尽管页面已泛微黄,但岁月的斑驳依然掩盖不住那俊逸灵动之气和刚柔并济之态。"王羲之能成为大书法家,和他练字专心、习字不懈是分不开的。你刚练了多久就泄气了,怎么完成自己的书法梦?"是啊,王右军临池学书以致池水尽黑成墨池,我只练了几月不到,一桶水不够,就如此志灭气馁,谈何书法梦,成何书法家?

轻抚书面,那上面似还残留着老师的手温,那一刻,你的馈赠点燃了一个小小少年不屈的斗志!而那字里行间的点点星光,已然汇聚成了我心中耀眼的星河。

从此,书法班里多了一个虔诚向学的身影,少了一个耷头拉脑的少年。悬腕提按,起落收转,从字形简单的"大"字,到点画粗细有变的"之"字,从筋连脉通的"生"字,到狂驰舒展的"天"字……我在字帖碑林里游走,不断钻研,不辍习磨、挖墨宝,品古韵,精进书法技艺,磨砺坚韧心性。

当我满撷一缕缕墨香之时,当我一次次拿到各级获奖证书之际,我知道生活开始馈赠于我。而恩师啊,这些荣誉都源于你的馈赠,无论是《兰亭集序》还是书法技艺,无论是昂扬斗志还是不懈坚持,你的馈赠,点燃了我!

习作点评

对于兴趣爱好而言,很多人都停留在爱好上,或止步于初学阶段,殊不知爱好的保持也需要行动的支持。作者结合自身学习书法的体验,将学书法过程中遇到的困难真实地表述出来,同时在王羲之的故事中汲取思想养分,重新滋养了心中那颗兴趣的种子,从而将坚持、乐观的主题展现在读者面前。

思路梳理

动动笔,写一写上面文章的行文思路吧!

_____

_____

_____

最动听的声音

西风号,暮鸦噪,天沉欲雨,积郁难消。我看着眼前高叠的复习资料,想着即将到来的大考,心一点点绷紧,像被琴师调试定弦一般,一旋一转,一顶一拧,濒临折断的边缘。

趁心弦未断,披衣下楼,径直走向楼下水榭亭台边。相比于夏季虫鸣蛙声带来的热闹,此时的湖面只有一片静寂,早已不见娇红的荷和滴翠的叶,只有零落的花瓣和蜷曲的叶边,荷茎枯衰,荷蓬低垂,像极了蔫头耷脑的我。还未及和它互吐心声,雨就滴落了下来,先是"滴答滴答"的小水滴,再是"噗喳噗喳"的大雨点,直到"哗哗"的倾盆水流……一时之间,我被大雨围堵在这一方阁台之上。

再看池塘里那片残荷,疾风骤雨之下,狂吹猛砸之间,它像将倾的木盘,又似欲坠的枯桡,但不管风如何劲,雨如何急,它都迎着,接着,承着,受着……即使佝偻了茎干,哪怕低垂着头颅,只一副默默承受的模样!是啊,除了接受,它还能怎样?它不像傲视风雪的冬梅,以盛放彰显对抗;亦不像睥睨秋冬的丛竹,以峻拔凸显气度。它只闷着一口气,含着一腔声,任凭风吹雨打,却不发出半点声响。这样的沉默激起了雨的征服欲,转以更强的嘶吼扑向它,想要把它拍在淤泥里,然而它左摇右摆,前倾后斜,将雷霆之响化于无声,把震耳之声引于静默,此时无声胜有声,这无声之声便是最动听的声音,一种震撼人心的声音!

这一刻,天地之间仿佛只有我和残荷,没有人会在意繁华盛宴后的"小型音乐会",只有我可以领略这最动听声音的美妙。残荷衰叶、落红败柳固然是生命的尾声,但也是新生的积蓄,依旧挺拔风里立,残荷犹作雨中吟,它吟的是生命的绝唱,亦是生命的坚强!

那生命之吟直抵心涧,催着我快快回家。回家!接受所有的不足与缺点,正视眼前的难关,迎接即将到来的考验,抓住前一轮竞争的尾巴,开启新一轮的奋斗。

"秋阴不散霜飞晚,留得枯荷听雨声。"这最动听的声音唤出了一缕阳光,撕开了黑暗,让人只觉万物可爱,人间值得。

此时,且听残荷,悦纳自我!

习作点评

　　所谓美,完美是美,残缺也不失为一种美,作者很好地抓住了荷花残败之际的姿态,将其未褪的神韵生动地描写了出来,同时再将自己敏锐探得的感悟付诸笔端,这种感悟激励作者走出黑暗,渡过难关,而这恰恰也是文章的主旨所在。

思路梳理

动动笔,写一写上面文章的行文思路吧!

家国情怀

自古以来,"爱国"就是一个永恒的话题;对于初中生来说,家国是一个似远实近的主题。生于国,长于国,在少年时期如何以实际行动践行家国情怀?既不能有大而不实的口号,也不能缺付诸行动的想法。在当下的年龄做适合的事,就是爱国。

习作示例

做一颗爱国的种子

小时候,爱国是什么?我不知道,只知道坐在大人肩头在天安门前看冉冉升起的国旗,看人们情不自禁地落下热泪,看电视上奥运赛场飘扬的五星红旗……

长大后,爱国是什么,我依旧说不太清,但胸前的红领巾时时警醒着我——我为人人,人人为我;先集体,后个人;像螺丝钉一样不计得失,默默奉献……

后来啊,我遇到了杜甫,他为我心中那颗"爱国"的种子松了土。眼见山河飘摇,他一边悲着"国破山河在",一边只身追随朝廷,虽经烽火却不改为国之志;亲历战事之乱,他一边叹着"家书抵万金",一边与妻儿背向而行,虽罹分离仍不改忠诚之心……颠沛流离间,闻得点滴捷报,便涕泪满裳;听得半点胜势,就欣喜欲狂。纵使自己半生漂泊,家贫难顾,也要发出"安得广厦千万间,大庇天下寒士俱欢颜"的呼号。那呼号化成了风,那热泪幻作了雨,吹过我的心头,洒向我的心田,让我心中那粒"爱国"的种子疯狂地生长!

而如今,每天,天刚露白,我就动身前往学校,和晨光一起到达教室,开启早读;傍晚,余晖轻洒,月光席地,我才依依不舍地离开校园。琅琅读书声,飒飒少年志,从凛冬到仲夏,从暮春到深秋,我与红日为伴,与皓月为友,一边仰望着星空,一边脚踏着人地,坚持让每一步求知的脚步映出清晰的印迹,让那印迹成为犁耙,耕好自己的一亩三分地,为"爱国"种子犁出最松软的土地!

从疫情时积极配合,每天按时做核酸检测,及时打卡,到不去人员密集地;从做志愿者,顶烈日,献己力,提醒人们规范出示健康码,到回归线上,听安排,守本分,认真跟进线上课程待回归……我在"做好分内事"的一方天地里浇灌着"爱国"的种子!

沃土已具,养肥已撒,做一颗爱国的种子,在华夏大地上扎根,发芽,开花,结果……

习作点评

对余光中来说,小时候的乡愁是一枚小小的邮票,是对母亲的思念;作者小时候爱国的种子是"天安门前看冉冉升起的国旗,看人们情不自禁地落下热泪,看电视上奥运赛场飘扬的五星红旗"。在余光中长大后,乡愁是一张窄窄的船票,是对家人的思念;作者长大后爱国的种子是"我为人人,人人为我;先集体,后个人;像螺丝钉一样不计得失,默默奉献。"余光中后来的乡愁是一湾浅浅的海峡,他在这头,大陆在那头的浓浓的家国情;作者后来爱国的种子是"耕好自己的一亩三分地",是"做好分内事"。种子在沃土上成长,开花,结果是必然。结构清晰,主题突出,可以借助余光中的《乡愁》一起赏析。

思路梳理

动动笔,写一写上面文章的行文思路吧!

我是如此热爱地球

　　浩瀚宇宙，有很多值得我感激的人、事、物，但最令我感激是妈妈和地球母亲！

　　几千万年前，人类从猿猴一步一步进化，直到成为如今的现代人。如果没有了地球，人类的文明将荡然无存，地球是如今宇宙中最宜生物居住的星球，它成就了千千万万的生命……

　　儿时，电子设备还未如此发达，我经常坐在院子里看到一阵风吹过，云被吹得"落荒而逃"，一会儿遮住了太阳，一会儿又聚在了一起，很是有趣。秋天，丰收的果实颗颗饱满，妈妈告诉我，这是地球给予我们的礼物；冬天，一片片雪花落下，伸出手，雪花落在手掌，虽然小小一片，不一会就化了，但这掩盖不了雪花的精致漂亮。

　　地球是如此可爱。

　　地理课上，老师告诉我们地球有公转和自转，分别绕着太阳和地轴自西向东地旋转，这才有了如今的昼夜交替、四季更替……地球妈妈还给予我们许多美丽的景观：人间仙境香格里拉、绿意盎然的江南水乡……

　　地球是如此神奇，美丽！

　　可地球上的一些地方不再有生机，而是"仙雾缭绕"。地球的大气层已经出现破损，地球也进入了中年，可有些地方的人们却还是不懂得珍惜——工厂排放的废气、大量汽车尾气弥漫在空气当中形成了"雾霾"。曾经碧蓝的天空变得阴沉，格外压抑……在地球的另一端，还在发生战争。在战乱中，不知有多少子弹；在战火中，不知有多少人流离失所。

　　地球不愿这样！

　　面对这些，我个人的努力作用甚微，因为我一己之力，或许比一粒沙还要小。但有多少国家极力反对日本排放核污水，相信滴水一定可穿石，小我一定可聚力。地球母亲啊，我们心痛您，也会爱护您！

　　我是如此热爱地球！我愿为佑我地球献出一份力、一生情！

习作点评

　　小作者选择的主题是环境保护类,"人不负青山,青山定不负人",我们只有将绿色理念、绿色行动融入我们的日常生活中,以自觉的行动保护环境,才能永远享受绿草青青、碧波荡漾的环境。作者有责任担当意识和大局意识,呼吁人类站在命运共同体的角度和立场上,携手努力,共同担当,共守青山不放松,护好绿水不辞难,从而让世界更加美好。

思路梳理

动动笔,写一写上面文章的行文思路吧!

_____

_____

_____

最好的作品

　　我书房的墙壁之上张贴着一张地图,那是中国960万平方千米的土地,是一幅最好的作品:有雄伟壮丽的大好山河,也有中华五千年的悠久历史。下面,且随我一起细细欣赏这最好的作品吧。

　　首先来到美丽的雪乡。冬天的东北有多迷人,只有亲自去过,才有发言权。一排排低矮的房屋被厚厚的积雪覆盖,远远望去,好像一个个白色的雪蘑菇,间而杂之,偶尔有之,让整个雪乡仿佛童话世界一般。而童话世界里的雪也像东北的人一样豪爽大气,一层未消,一层又至,就这样层层叠加,好似一张厚厚的棉被,把漫山遍野的田地、树木盖了个严严实实。在这一望无际的雪景中,有一颗璀璨的明珠在冬日的照耀下闪闪发光,那是位于长白山的天池,水蓝雪白,蓝白相映,显得格外耀眼。如果把东北比作一顶皇冠,那天池就是那定冠宝石。这宝石熠熠生辉,无疑给这作品又添了一份美好!

　　冬去春来,清明将至,这幅作品的点睛之笔已不在东北,而到了美丽的江南。乍暖还寒的三月,秦岭淮河以南,春姑娘已迫不及待地探出了头:柳枝吐芽,地冒草尖,油菜花也早早敞开了胸襟,金黄金黄的一片,镶嵌在绿色为主的江南春景中,别有一番雅致。如果撑伞漫步于西湖,听春雨轻轻触碰水面的沙沙声,赏雨水跳脱于油纸伞面的轻盈状,仿佛隐隐看到了白素贞与许仙的浪漫爱情。如果再逛逛苏州的园林,看园林中的亭台楼阁、池塘小桥,一步一景,简直让人流连忘返。这温润的气候和小家碧玉般的景致,无疑给这作品平添了一份曼妙!

　　如果再看,我就带你看看我国少数民族最多的省份——云南省。在云南,有的是风情,有的是趣味。去大理,看洱海,吹着海风,或在环海公路上慢悠悠地骑自行车,或在海边看着湖面静静发呆,都是不错的选择。然后再去丽江,古香古色的老街,淳朴的当地人,热闹的商业街,仿佛带你穿越千年触摸当年茶马古道的影子。想体验傣族风情的话,就去西双版纳,品尝柠檬米线、炸青苔和竹筒饭,再来一场泼水狂欢,体验傣族文化。这丰富多彩的生活,再次为这作品增添了一些趣味!

　　从东到南,由西至北,这幅由中华儿女一起创作的作品,在我看来就是最好的作品,也是先人送给我们最好的礼物!

习作点评

你见过什么样的中国？是960平方千米的辽阔，还是473万平方千米的澎湃？是四季轮回的南北差异，还是穿越千年的古寨？作者通过对东北雪景、雅致江南及少数民族风情的刻画，多角度展现了祖国的河山之美，不仅有地理景观，还有历史文化、人文风情等方面，使文章内容丰富，让读者不用翻山越岭就能感受山河之美、中国版图的绝美。

思路梳理

动动笔，写一写上面文章的行文思路吧！

走过那个转角

日光挥洒而下，时光的长流冲刷着一砖一瓦，绵延的山峰上横卧着一条两千多年的巨龙，一个个烽火台早已成为它独特的印记。我走过那个转角，望见的是血与泪的青史。

立于长城之上，轻抚过它转角的肌肤，看着远处一望无际的青苍蜿蜒地向脚边袭来。江山易代，岁月悠悠，作为民族生存的依托，凛然矗立成神州大地的脉搏，涌动着血色的遗风古韵，搏动着铁马枪戟的铿锵战音。

走过那个转角，再望见的是"塞门风稍急，长城水正寒。雪暗鸣珂重，山长喷玉难。不辞横绝漠，流血几时干"的热血缨枪、铮铮铁骨；是金戈铁马、纵横疆场的不朽；是迷惘的江山、帝王的"骊宫高处入青云，仙乐风飘处处闻"。秦始皇灭六国，大一统，修长城，拒外敌；朱元璋克复元都，统一全国，修建长城，拱卫京师。多少帝王修筑长城，又多少将士战死长城边塞？本来"只应澶漫归田里"，却无奈"万里低昂任生死"。

风霜雨雪中，老墙或许坚挺着身躯，或许坍塌下去。万里江山牢牢接续，连接着中华大地的血脉，围着一个古老的国度，抵御外敌，易守难攻，坚不可破！我在那个转角走过，看见历史——由无数个片段拼拼凑凑而来的历史，在时空长河中细细潺潺而来的长城。

历史的长龙，要怎样用尺度量它的身躯有多长？要用多少的时光去细读它的刻度？

走过那个转角，转身回望，时间之树的深根，植入千年岁月，而中华的巨龙，将永存不息！

习作点评

小作者深情追溯了历史长河中的长城的雄伟与沧桑，通过走过转角的设计，将读者带入了岁月的长河中，引领读者感受历史的沉重与悲壮。作者通过长城这一象征性的建筑，勾勒出了中华民族的坚韧与拼搏精神，展现了长城背后承载的历史记忆和文化意蕴。文字之间融合了对历史的敬畏与热爱，展现了对祖国传统文化的珍视与爱惜。全篇习作氛围庄重、悲壮，充满了对历史的缅怀与反思，引人深思。

思路梳理

动动笔,写一写上面文章的行文思路吧!

文化传承

文化,特别是传统文化,既是人类智慧的结晶,也是人类心灵的给养。对于初中阶段的少年来说,能对文化有一定了解,在感受文化美的同时生发保护文化的情感情怀和传承文化的责任意识,都是很重要的一个方面。对文化概念和主题的理解与诠释不易过大,而应该化大为小,以小切入点带动选材,驾驭立意。

习作示例

真的不容易

"落日绣帘卷,亭下水连空。"慕苏轼之名,至黄州赏景,不期竟与清丽柔婉的昆曲有了一段美妙的邂逅。

快哉亭旁,妙曲与嫩芽点染其间,曲催芽生,芽随曲长。循声疾走,木制的长廊里,几位手拿笛箫的老人,正尽情奏唱,时而婉转悠扬,时而慷慨激昂,时而悲戚忧伤,时而欢快明亮。领唱的老媪头发已花白,着一袭热烈的红衣,于微风中翩然而舞,在花荫下尽吐缠绵。"炷尽沉烟,抛残绣线,恁今春关情似去年?"一腔昆曲,无限情思,我与众人瞬时醉于其间,情缱绻,意朦胧!

一曲毕,我连忙上前与他们攀谈。原来,他们是一群退休工人,也是乐曲爱好者,年轻时哼过《桃花扇》,闲暇时唱过《牡丹亭》,唱念做打间,沉淀了岁月,黯淡了时光。"我们爱听爱唱,可惜总没机会举办一场'演唱会'。"老人悠悠地笑着,眉眼里星光点点,"这不,退休了,我们要重拾旧梦,把日子过得有滋有味。我们老了,可戏曲和梦想却永远不会老。"老人举手投足间自有一种风情,她兴致又起,接着哼唱起来:"良辰美景奈何天,赏心乐事谁家院……"

我静静地听着,思绪纷飞。

真的不容易啊!他们也曾有梦,却跌落在柴米油盐间,湮没在时代的洪流中,但他们仍将梦想写入戏剧的曲谱里,用声音倾泻所有的执着与渴望,唱出心中的期许和向往。依稀想起身边那个声音:"这么大岁数了还如此热爱生活,真的不容易啊!"是啊,真的不容易!热爱,何止是一种情绪,更是一种能力。

确实不容易!他们这一代人与我们交错着行于历史长河里,有"断层"也有相遇。理念的鸿沟固然易逾越,认知的代沟可能好填平,但审美却难趋同,传承也不好接续……透过他们,我们与昆曲相遇,和传统文化相遇,真的不容易!

曲调尽唱,是对青春的赞美,更是对梦想的追求;热爱弥珍,是对历史的致敬,是对文化的传承。岁月不居,时节如流,这真的不容易拥有的珍视、热爱和传承,被我埋藏在心底。日后,于某一时刻不经意地想起,那情愫一定会在岁月的浇灌下生根发芽,开花结果。

习作点评

文章描述了在黄州快哉亭与昆曲相遇的美妙场景,通过老人们的热爱与追求展现了坚守梦想与传承文化的可贵,情感细腻,充满对生活、历史和文化的敬畏与热爱。在忙碌的现代社会里,这些老人们依旧怀揣着对戏曲的热爱,尽管岁月已经在他们身上留下痕迹,但他们仍然保持着对梦想的执着。这种执着和热爱是如此动人,让人感叹不易。最后作者的感悟也让人深思,在这个快节奏的时代,保持对美好事物的热爱和执着是一种可贵的品质。文字充分展现了热爱、坚持和传承的力量,让人感受到了一种深沉而美好的情感。

思路梳理

动动笔,写一写上面文章的行文思路吧!

未来已清晰可见

日子悄无声息地逝去，像一个个翻起的浪花，在礁石的阻击下，扬起，消沉，撞击，隐去，终归于大海。与流水光阴一同消沉的，还有我学习上屡屡陷于无用功的那颗心。

于是，我尝试从生活中汲取智慧，到店里去看珐琅彩瓷器。

相对于素雅的青花瓷来说，珐琅彩瓷器色彩绚丽，灰蓝、鹅黄、朱红、绛紫、米白、豆绿……甚至十几种颜色和谐地一同呈现，再配以缠枝牡丹、月季、莲花、佛手、石榴等图案，不仅展现出一种百花齐放的美，而且可经年不衰，历久弥新。

可在工匠师傅手中，这样的瓷器出窑前是和其他瓷器毫无二致的"高岭土"，受窑内温度、在窑时间甚至天气、湿度等因素的影响，没人知道它们出窑后会是什么釉色，呈现什么花纹，任何一个因素的点滴偏差都有可能引起窑变。

即使是同样的工艺，相同的烧制，窑内时间和温度对还未烧制成型的瓷器来说，都是莫大的考验。小火，中火，大火，窑内掀起的"三昧真火"让每一件瓷器都死去又活来，活来又死去。待到停火开窑之时，难免会有十几个裂口的、碎开的，存活的成品则像一只只浴火的凤凰，釉色斑驳，花纹陆离。

从进窑前的黄褐黑棕到出窑后的五彩纷呈，珐琅彩瓷以它瓷质细润、色泽鲜艳亮丽的独特之美占据了瓷器家庭之一隅。而工艺的繁杂和烧制的难度更让它的身价倍增。其实，我们不也正如这瓷器一般吗？层出不穷的压力如不断翻滚而来的层层热浪，未来的瞬息万变正如出窑时的结局难测。如果说同出一窑的瓷器各不相同，力承重压的我们又何异于此？它们的釉色花纹可能不同，我们的人生之路可能迥异，但相同的是都要经磨砺，战磨难，直到收获未来。

一时之间，我好像看清了通向未来的路，不再骄躁，不再彷徨，心也跟着书页里的字鲜活了起来。从一遍遍来回"咂摸"，到一次次总结思考，终于反省。我知道根固才能枝荣，天道终会酬勤。

天晴云轻，迷惘朦胧的未来清晰可见了。

习作点评

　　作者讲述了观赏珐琅彩瓷器时所得到的启示,用瓷器的烧制过程比喻人生的历练和成长,通过对珐琅彩瓷器的描绘,展现了色彩绚丽、图案精美的独特之美,描写了烧制过程的不确定性。由此让人联想到人生的曲折与起伏,以及面对困难和挑战时的坚韧与成长。作者在文字中显露出对未来的期许和对自身成长的认知,引导读者面对压力和挑战时要保持勇敢与坚定,同时也表达了对未来的希望和信心。文字充满哲理,引人深思。

思路梳理

动动笔,写一写上面文章的行文思路吧!

_____

_____

_____

我心中的宝藏

诗词展于残墨之间，虽寥行数列，却诉尽了诗人词家的喜怒悲欢，写尽了朝代的兴亡更替。它是文化瑰宝，亦是我心中的宝藏。

宝藏的挖掘之旅始于魏晋。可曾记得曹植与兄长的权位之争？大堂之上，曹植挺身而立，背身拂袖，身若修竹，气若长虹，俯首踱步间，诗文即出。"本是同根生，相煎何太急？"字字珠玑，句句惊心，怎像七步而成？想必他早料到会有此日，定是数载积虑于此一诗。诚然，人无远虑，必有近忧，若锋芒毕露的子建早一点明白此理，那历史的风云还不知要如何演变？论罢权位相争，再来赏赏"采菊东篱下，悠然见南山"，陶潜超脱世俗，回归田园自然，一种得之坦然、失之淡然的心态。试想，以平和之心待万物，只管奔赴，无问西东，岂不是给坚毅和执着留足了心理空间？这一镐头之下，宝藏无尽，埋于心，只待来日取用！

挖宝行动继续，来到唐朝，和"文章四友"携手，与"初唐四杰"为伴，吟律诗绝句，诵五言七言，看大唐气象，历安史之乱，高唱"男儿何不带吴钩？收取关山五十州"，慨叹"三顾频烦天下计，两朝开济老臣心"。那赤热的爱国情怀，至诚的家国情思，让唐诗散发出独特的魅力，让唐诗成为唐朝的宝藏，一如鲁迅所评："我以为一切好诗，到唐已被做完。"那宝藏，历经初唐，走过盛唐和中唐，穿越了晚唐，一头扎进我的心里，让我体内爱国的热血也汩汩地流淌！

那腔热血即便到了宋朝，也并没有因宴饮酬唱的词而冷却，它依然被东坡饱蘸于笔端，挥毫写就"会挽雕弓如满月，西北望，射天狼"，亦被易安居士高唱"生当作人杰，死亦为鬼雄"，也被稼轩吼啸"天下英雄谁敌手？曹刘。生子当如孙仲谋"……也许宋词不乏泛舟江上、采莲望雁之作，也不缺倚台凭窗、思人怀春之语，但宋朝的历史注定了它以豪放之风将爱国情怀推至极致，这泛着红光的宝藏啊，再次让我的心震颤！

回望挖宝之旅，诗词不只是一代一人的宝藏：王公贵族饮宴时有它陪欢衬喜，亲朋离别践行时有它诉说不舍，人生失意落魄时有它对酒当歌……它是中华文化的精华，也是我心中至宝！

翻开书页，诗词静然于卷中相候，正待我去继续挖掘它的价值，发现它的精彩。

你呢，同行否？

习作点评

　　作者将诗人的情感与历史风云巧妙结合在一起,以曹植与兄长的权位之争、唐朝的"文章四友"和"初唐四杰"以及宋朝的词人为例,生动地描绘了诗词在不同朝代中承载的爱国情怀与精神力量。习作展现了诗词的不朽魅力和文化内涵,作者将其视为珍贵的宝藏,从而以热情洋溢的笔触,表达了对诗词的敬畏和挖掘的热忱。最后的提问"你呢,同行否?"更是邀请读者一同踏上挖掘诗词宝藏之旅,与作者共同感受诗词的魅力。

思路梳理

动动笔,写一写上面文章的行文思路吧!

线　描

"过往的中和至美,蕴藉了无量的未来。"画室门上的题字像一个巨大的漩涡,再次把我带到敦煌壁画飞天的世界里,那个世界的大门是由一次旅游开启的,同步打开的还有我的求艺之门。

学习中国画,从线描开始。线描起步,则从"临"开始。临要心神合一,意在手先,正如诸多文人墨客在著作等身之前,都汗牛充栋。望着老师拿出的作品,我久久凝视,眼睛被一股强大的吸力牵引。静止的画面中,旷远辽阔的天地间,祥云随意而飘逸,飞天自由而舒展,细长的飘带伴着柔软的身躯,翩然起舞,灵动曼妙。那天地,那仙人,那画作,那意境,直把我带向了天外,让美溢满心田胸间。"临"一作,静一程,心灵由此澄澈,内心从此平静。就这样,我推开了第二道门——摹。

老师说,线条看似简单,实则是国画之本,用笔的时候要有力量去维持线条的均匀连续,才能显得柔软。简易的背后蕴含着坚韧,正如中国人温和的外表下常有坚定的品格。

尽管似懂非懂,我还是坚决地推开了第三道门。然而,看似柔软的线条竟不似先前那般易控,粗细不匀者有之,旁逸斜出者有之,蔫头耷脑者有之,游离开外者有之……日夜相继,勤磨苦练,从哆嗦着拿不稳笔,到体会出中锋用笔的妙处,笔尖轻触,纸面微洇,气息伴着线条流动,线条随着手力延展,始终游走于线条正中,好似一根脊骨坚韧,手摹心追,心随画动,徜徉于虚虚实实里,沉醉在浓淡相宜间。起于一个线段,屏息凝神,控笔稳定,运笔有力,收笔自如,那流出的一条条均匀的线条,就那样如春蚕丝吐,柔软而坚韧,牵着一位衣着艳丽的女子走了过来,连同她那浮着的衣袂一起。只见褐黄的丝带时萦时绕,时上时下,像一条灵滑的蛇,又似流动的烟。

那一刻,长短不一的线条,虚实相生的线条,浓淡适中的线条,似乎牵连在一起,成了一个活生生的"人"字,一个蕴含着洒脱飘逸、外柔内刚气质的古人,一个彰显着传承创新、与时俱进气度的今人,一个个古人,一个个今人,一个个中国人!

而我,身在其间,执笔画纤细之线,内心沉稳而有力,且行且思,一路向前。

习作点评

作品通过描写作者学习线描时从"临"到"摹"的过程,展现了作者对艺术的热爱和执着追求。作者逐渐领悟到中国画的精髓,体会到线条柔软之中蕴含着坚韧的特点,展现了其对中国画技艺的钻研和用心。结尾处在艺术创作中的自信与坚定,以及对传统与创新的思考,体现了作者较高的认知,在文章立意上有作者独特的优势。

思路梳理

动动笔,写一写上面文章的行文思路吧!

_____

_____

_____

就这样种下一颗种子

　　一截醒木一把扇，一块手绢一袭袍，茗汽氤氲论大宋，纷纷攘攘看人潮。

——题记

　　垂髫之年，每天在车上伴着父亲穿过吵闹的市区，或是打破乡下的宁静，看着副驾的人一遍遍地换，每个人的身上都有他们自己的故事，有的行色匆匆，有的雍容华贵，但不变的，那台收音机永远地开着，老先生们讲着传奇的故事。我就在车里听着包拯铡庞昱，曹孟德煮酒论英雄，听老先生讲着快意江湖，心里埋下了一颗说书的种子。

　　我简直是着了魔，走路时念着书中的词，一遍遍去揣摩书中人的心理，去理解书中的暗潮涌动。闲下来的时候，一遍遍地听久远的音频，去模仿老先生的腔调。自己一个人对着镜子磕磕绊绊地背诵《李元霸锤镇四平山》："一举手中的紫金锤，搂头盖顶地打了下去。李元霸不慌不忙，看着大棍来到切近，单臂叫力，左手大锤往上一兜，说了声'开！'"模仿李元霸的狂傲，模仿老先生说书时的章法。那段日子虽然很苦，但很充实，那是少年人奋勇追梦的日子，是少年人心中种子茁壮成长的日子。

　　坠兔收光，远鸡戒晓，学习任务逐渐加重，面对双重的压力，我有些力所不逮，蔓子活像是《三侠五义》《岳家将》，因为阅历不足，不能揣摩透书中人的意思，表演出来也只是徒有其表而已。我渐渐失去了信心，开始怀疑选择的这条道路的正确性，自己到底有没有这方面的天赋。有道是"屋漏偏逢连夜雨"，一位在说书上给予我很大帮助的爷爷去世了。他的家人给我送过来一段音频，不知是老人家什么时候录的："小子，你是个海青腿儿，临了临了，我也没教你啥真本事，但你记住了，这人呐，不能一头就扎进话本儿里，人间正道，是沧桑啊！"

　　老人家的话有如当头棒喝，让我明白了，自己喜欢的其实更多的是书中人物的那些传奇，跌宕起伏的生活，但生活本真是平淡，是踏实，是稳健。

　　说书的种子虽未能开花结果，但从说书中得到的领悟属实让我受益匪浅，那颗向往啸傲湖山的心与平淡的生活相妥协。但偶尔听见某人的只言片语会突然想起一段书，平淡也向本心做了妥协，种子缓缓往下扎根。"啪！"少年人缓缓开口，"走遍天下游遍洲，人心怎比水长流……"

习作点评

  文字充满了对中国传统说书文化的热爱和回忆,通过描述主人公在少年时代对说书的执着追求,展现了对经典文学和传统艺术的珍视。从父亲车上的收音机中传来的传奇故事,到自己对书中人物的模仿与揣摩,再到最终对生活的深刻领悟,这是一个成长和自我认知的过程。在面对学业压力时,"我"曾怀疑自己的选择和天赋,但通过一位长辈的鼓励和教诲,明白了生活的真谛,即"生活本真是平淡,是踏实,是稳健"。尽管说书的梦想最终未能实现,但通过这段经历,领悟到生活的平淡更应该珍惜,体会到内心的向往对生活的接纳,展现了一个少年人在追梦过程中的成长与领悟,是一段充满感慨和启发的文字。

思路梳理

动动笔,写一写上面文章的行文思路吧!

_____

_____

_____

这样的衣着

古语云："中国有礼仪之大，故称夏；有服章之美，谓之华。"中华服饰历久弥新，蕴含中国文化之芳华。这样的衣着，令人神往。

记得姑姑结婚时舍弃了西方的纯白嫁衣，穿戴了中国的凤冠霞帔。婚礼当天，她走上台的那一刻，一眼便惊艳了我。只见她身着一袭红衣，一头长发倾泻而下，拦腰束以流云纱苏绣凤凰腰带，恰到好处地勾勒出她玲珑巧致的身材。佼佼乌丝，玉带珠花，一抹浓艳，满身喜庆，一如心中漫溢的幸福。这样的衣着，令人惊艳，令人神往。

《醒世恒言》说："花烛之下，乌纱绛袍，凤冠霞帔，好不气象。"凤冠，是以金属丝网为胎，缀点翠凤凰，并挂有珠宝流苏的礼冠；霞帔，其主体是一条帔子，形状像一条彩练，绕过颈部，披挂在胸前，下垂一颗金玉坠子，早在南北朝便出现，人们赞其美如彩霞，所以有了"霞帔"的美称。古代女子出嫁，凤冠霞帔，十里红妆。

这样的衣着，勾勒着中华五千年历史长河的智慧，似一汪清泉，绵延至世世代代的角落，不论古今。

记得那是我第一次去江南小镇，都说江南女子性情如水，我只知，初见，一件旗袍惊艳了我。那是怎样的景象，一位身着旗袍的江南女子，优雅动人地从古老的巷子移步而来，一股浓浓的古典情趣在她身旁蔓延。高高竖起的衣领，盘旋扭转而成的花扣，包裹着玲珑有致的身躯。举手投足间流露出自信与雅致，一颦一笑间，自有一份似水的娇羞。这样的衣着，宁静恬淡，含蓄优雅。

印象中，旗袍是美的代名词，它那细腻的丝线，精美的花纹，无不流露着数不完道不尽的芬芳。淡淡的色彩，淡淡的女子，淡淡的旗袍下，飘散着一种浓浓的中国美。那份东方神韵，宛若古典的花，开放在时光深处，不随光阴的打磨而凋谢，就那么妖娆着，那么玲珑着。

这样的衣着，像是一本移动的书，承载着中华五千年的辉煌。

不论是凤冠霞帔，还是旗袍，抑或是汉服，都是中华儿女传唱千年的梦幻，更是中华文化博大精深的一张闪闪发光的名片。

中华文化，美美与共。这样的衣着，令人神往，令人自豪。

习作点评

作者深情地表达了对中华传统服饰的赞美和热爱,通过描述姑姑结婚时穿戴着凤冠霞帔和江南女子身着旗袍的场景,展现了这些服饰所散发出的优雅、自信和华丽之美。凤冠霞帔、汉服、旗袍等传统服饰见证了一个又一个历史故事,细读文字,对中华传统服饰的敬意和珍视之情,好比乘着时代的风云,且歌且舞,诠释盛大,诠释生命,诠释文化与传承。

思路梳理

动动笔,写一写上面文章的行文思路吧!

就这样埋下一颗种子

"为救李郎离家园,谁料皇榜中状元……"戏台上的女子一身红袍,细细唱道心中之喜,那活泼细腻的戏腔如一缕山风,就这样在我心中埋下一颗种子。

春风和煦,轻烟绕过迎客松的枝头,飘散在黄山上方的云海中。山喜鹊的声音悠扬在车顶上方,却怎么也盖不住爸爸此时的兴奋。他满脸欣喜,不断向我说着《女驸马》这出戏的精彩,那神情,就差推开方向盘亲自唱一段了。坐在后排的我敷衍地点着头,忍不住打了个哈欠。看着爸爸神采奕奕,我撇撇嘴,心中鄙夷:"咿咿呀呀,有什么好看的。"

眼前徽式的剧院逐渐清晰,我跟着爸爸进了场,等待红色戏幕拉开。

古胡的声音衬着伴奏的戏腔飘荡在戏院上空,台下阵阵掌声中红幕退去,露出轻纱和水晶帘,台上的女子一袭粉衣,流珠点缀在她肩头,发中做工精细的发钗轻轻摇曳在鼓点中。鼓点声声有力,突然间一顿,只见台上女子轻轻抚平洁白柔顺的水袖,"春风送暖到襄阳,西窗独坐倍凄凉……"流畅优美的戏腔从她口中缓缓送入我耳中,水袖在她双臂间起舞,裙尾的花纹好似有了生命。"竹篮打水上山峰,一场欢喜一场空……"台上的女子还在唱着,我却早已看入了神,那倩影如一道流光,穿过纱帐拂过琴弦。我半靠在木椅上,仿佛置身在那江南亦有之的黄梅时节。一个时辰从未过得如此之快,戏幕已落,我已背身向剧院远离,戏台上的一颦一笑、一举一动却还在心底翩翩。

我从未想过我会对黄梅戏如此喜爱,即使距离上次看戏早已过了多年,可戏中人的音韵神态犹如黄山上的云海一般久久不能散去。每每听到熟悉的戏曲声,我总会想起那尽是江南小调中数不尽的旖旎风光,想起戏中人衣着鲜明,长袖飘飘,想起那红幕退去后亭台楼阁,有柳必翠。爸爸每次看到我抱着收音机眯眼享受时,总会笑着调侃我两句:"你听得懂都唱的是什么吗?"我总是傻乐着摇摇头,牛郎织女的长吁短叹,董永七仙女的离合悲欢,那隽永悠长的一唱三叹对我来说确实难懂。但我看得真切,黄梅戏如一片氤氲山岚,在清新秀雅中蔓出万紫千红,唱的是戏,是曲,是人民对美好生活的向往,是中华智慧的结晶。

树上成对的黄鹂衔来一颗名为"黄梅戏"的种子,就这样深深埋在我心里最柔软的那块土地中。

习作点评

　　小作者通过生动地描写戏台上女子的精彩表演及黄梅戏精彩的戏曲旋律,将读者带入了那个精彩的黄梅戏表演现场,让人仿佛置身其中,感受到了戏曲的魅力和艺术的力量。主人公对黄梅戏的热爱和执着体现在对表演细节的关注和对戏曲旋律的沉醉之中,展现出了主人公对这门艺术形式的深刻理解和情感共鸣。黄梅戏的种子象征着主人公心中对这门艺术形式的热爱和执着,它在心中生根发芽,悄悄滋长,成为主人公心灵深处永不凋零的美好记忆和情感寄托。

思路梳理

动动笔,写一写上面文章的行文思路吧!

_____

_____

_____

慢一点，又何妨

漫步于青砖石瓦中，踏在青苔石藓上，手握一把黄旧的油纸伞，慢慢地感受岁月的气息，古老而庄重。这一天，我全部投身于这小巷的慢游之中。

似银针、似牛毛的雨丝从天空落下，聚集于屋檐，灌满黛瓦后，开始了独特的奏乐。"滴答，滴答"，十几把花伞的碰撞声，是只属于雨滴的配乐，放眼望去，苍穹之下，花团锦簇。

熙熙攘攘中，有一阵清香钻入鼻孔，乱窜于肺腑，深吸一口气，哦，是麦芽香！随着清香，我推开一扇木门，五花八门的糖人映入眼帘。"老板，来个兔子。""好嘞，今儿下雨，人少，得重新熬浆，姑娘你得等一会儿喽。""唉，好。"他转身洗手，开始熬糖稀。撒半碗白糖，倒半碗水，与白糖相融，小火慢熬，他轻轻晃动锅子，使糖受热均匀。温度渐渐升高，窗外的景色朦朦胧胧，不知过了多久，雨停了。"老板，好了吗？"我催促着，一回头，却看见他还在熬糖稀！"姑娘，这糖稀呀，讲究时候，不能太久，也不能太短，讲实话，能把时候掌握好的，这街上没几家，我算一个。"

又过了好久，当糖稀开始冒小泡泡时，老板熄了火，却不做什么动作。"老板，怎么还不做？"我疑惑地问。他笑着说："得晾晾，不然吹不成。""没事。"糖稀晾得差不多了，他用小铲伸进锅里，往外一挑，取一点糖稀，并对我说："这糖人儿，吹快了容易爆，吹慢了啊容易瘪，急不得。"话罢，他便把糖稀放在沾满糖粉的手上揉搓，就用嘴轻衔一端，拽出一长条，深吸一口气，然后慢慢吹，那糖稀一点一点地变大，变鼓，变得剔透，一只兔子出现了。老板用苇秆一头蘸点糖稀贴在兔子上，将他吹过的地方轻轻掰下，然后递给了我："姑娘，给，让你久等了。"

雨后天晴到落日，就为等一个糖人，可惜逛不完整条街了。但看到晚霞映照下熠熠生辉的糖人，我的心里充满了喜悦与满足，这是逛几条古街也换不来的吧。

对老板来说，这是他一生热爱的一件事，当然要慢一点，把这件事做到最好，做到极致，享受坚守带来的喜悦。那么我耐心一点，等待一会，又何妨呢？

习作点评

　　小作者在习作中对环境和情景的生动描写,让我们深切感受到雨后小巷的宁静与神秘,以及独特的岁月气息和古老庄严的氛围。故事中,雨滴落下,屋檐上的雨滴与花伞的碰撞声构成了独特的音乐,与此同时,清香扑鼻,麦芽香、熬糖的香甜气息交织在一起,勾起了读者的味觉和嗅觉感受。作者通过对熬糖师傅制作糖人的细致描写,展现了一种对手工艺术、对匠人精神的赞美和敬意。同时表现对传统文化和匠人精神的珍视和传承,也表达了对慢生活、耐心等待的理解和认同。整个故事充满了温情和美好的情感,让人感受到了岁月静好的美好时光。

思路梳理

动动笔,写一写上面文章的行文思路吧!

_____

_____

_____

长知识了

剧院门口,一阵嘈杂的声音传到我的耳中;人来人往,五颜六色的灯光晃着我的眼。首次来到剧院,我仔细地打量着环境。这所剧院不大,但很热闹,屋顶的四角翘起,黄色琉璃瓦覆盖在屋面上,尽显无限繁华。

走进剧院,只见观众已经坐满了。河北人爱看戏,爱的就是梆子戏。暖黄色的灯光洒下,照亮了剧院的每一个角落。房梁上,挂着几只红色的灯笼,调皮地摆来摆去。我找到位置,坐下,静静地观察着这屋内的一切。

灯光暗了下来,只剩下几只白色的聚光灯耀眼地闪着,身边忽然响起一阵掌声,梆子演员摆着窈窕的身姿,登上了舞台,他们化着浓妆,穿着长袍、马褂,胸前系着一枚精巧的盘扣,宽大的袖子悠然摆来,悠然摆去,在半空中划过一道优美的弧线。他们戴着发冠、簪子,厚重的发冠上,一条条流苏垂下,轻轻摆动,轻轻碰撞,发出不易察觉的"叮咚"声。只听得一声锣响,好戏开始了!今天这出戏是梆子中的经典——《四郎探母》。

三弦声、鼓声、锣声交织在一起,伴奏敲响了,是《叫小番》。只见杨四郎掀起马褂,快步上前,围着舞台中心转了一圈,放下马褂,举起一只手,一抬头,一瞪眼,放开嗓子唱了起来:"一见公主盗令箭,不由本宫喜心间,站立宫门,叫小番——"那一嗓特别得高,是《四郎探母》中的一个高腔。唱完一句,杨四郎轻轻摆动身子,甩了甩袖子,以气带声:"备爷的千里战马,扣连环,爷好出关——"歌声高亢激越,伴奏敲得更紧迫了,杨四郎也显出了念母心切的悲愤。那声音,高亢、激越、悲壮,透着侠骨,带着柔肠。一曲作罢,台下掌声雷动,我发自内心地鼓起掌来。"真是长知识了!"身边一个观众低声说。

手里的剧情介绍上写着梆子戏的历史渊源。燕赵多悲歌,这来自清末的艺术形式,仍然在燕赵大地上回响。它经历了五四运动的洗礼,抗日战争时期的挣扎,新中国成立后的复兴,依然传到了21世纪,有一批又一批优秀的梆子演员坚守着,支持着梆子艺术。

梆子又响起来,唱出燕北粗犷的韵律,再没有任何一种音律能这样淋漓地表达出燕北的个性。这便是祖先创造出来的永恒的价值,而此后百年、千年,它还会孕育出燕北丰腴的肌体,丰富着无数人的灵魂,增长着无数人的知识!

习作点评

  习作展现了小作者对环境细节的敏锐的洞察力和对戏剧表演的钟爱,传达出戏剧给自己带来的震撼和知识启迪。戏剧表演的描写充满了感染力,能够使读者身临其境,感受到戏剧的魅力,特别是在描述演员登场和表演过程中,展现了梆子戏的独特魅力和神韵,使人仿佛能够听到歌声、看到舞台上的一幕幕场景。整体看,作者用心观察、细腻描绘,表现出对梆子戏的钟爱和对文化传承的尊重,展现了一种积极向上的学习态度和审美情怀。

思路梳理

动动笔,写一写上面文章的行文思路吧!

_____

_____

_____

地域文化

生于一方,养于一方,一方水土带给人的不仅仅是物质的给养,还有精神的丰盈。随着年龄的变化,伴着阅历的增加,"一方"的概念也在不断发生着变化——或是祖辈扎根、几代繁衍的故乡,或是迁居数年、已然熟悉的他乡,抑或是偶然邂逅、却似故交的一隅……对少年来说,行于"一方",无论是从吃穿住用行入题,还是溯源"一方"的历史,感受"一方"的变化,展望"一方"的发展,都是其与地域文化碰撞的过程,是其由关注自我到关注社会的变化过程。这一主题的训练可以和感恩话题、传统文化主题、全面看问题的角度等进行结合,从而便于将大的"文化"主题落在小的立意点上,防止出现空洞的抒情或苍白的议论。

习作示例

我是如此地热爱那抹绿

我是如此地热爱那抹绿,绿色的山,绿色的水,绿色的荷,绿色的柳,我对这一切爱得深沉。

故乡的春什么时候来,大概是柳树的枝条上长出点点绿芽的时候。春日,死寂的水长出绿色的藻,邻村的山脱下沉默,换上生机的外套。此时的故乡是一抹绿色的颜料,望着那山那水,好似那山在水上走,水在山中行。那潭绿还未变凝重,夏日的水中便升起了绿的荷叶和粉的花。墨绿与莲红交织,黛蓝与鼎灰相融,俨然一幅古画呈现在眼前。村中曾有一年逾古稀的老翁每每谈及这抹绿,总反复地说着同样的话——走南闯北看过那么多景,唯有故乡的那抹绿啊,看得他想哭。而那些像我一样大的小儿,用一双未谙世事的眼,赏美不胜收的景,也叹着说:"这荷,怎么那么像朱自清笔下的!"

一直到长大后回想起故乡那抹绿,那景那情似乎还是挥之不去。但身处异地的我,也只能默默拾取记忆的碎片,按捺想哭的心情。

当然,故乡的柳也不亚于荷,否则就不会有"柳乡"的说法了。故乡的柳长得确实好,虽不是个个都仪态非凡,但也是千姿百态,远远地看去,宛如王右军笔下的行书,洒脱而不失劲道。单看树干的话,笔直而坚挺,像极了阅兵队列中的军人。至于那树叶,则像从诗中走出的娇俏少年郎。春日,人们总爱折一枝柳枝围成柳环,戴在这个头上,圈在那个颈间,你追我赶,我跑你跳,似乎连春也加入了奔跑嬉闹的行列。

这样的"柳乡",近几年开始发展起了旅游业。每至旅游旺季,村中都会来不少游客。彼时,放暑假的孩子、在家赋闲的妇女,都会折下柳做花篮,将其卖给游客,也卖出热情。

有时,你会看到拎着花篮的孩子被群城市里打扮得很漂亮的女生围起来问这问那,看似一些简单的问题,孩子们却要思考很久,不是他们反应迟钝,而是他们想给游客最真诚的答复。孩子的质朴、乡人的热情、对美好生活的愿景与憧憬,无一例外地都附着在这一个个小小的柳编的花篮上,盘旋于这美好的一问一答间。

那一抹绿是景也是情,绿色的荷叶托起小村的宁静,笔直的树干象征正直的品性,可爱的花篮带着乡人的希望……我如此地热爱故乡的那抹绿,也如此地热爱那份人间最美的情。那情也是绿色的,是最阳光最澄澈的绿。

习作点评

通过对故乡自然景物如山水、荷叶、柳树的细腻描绘,展现了作者对家乡美景的深深眷恋,这种情感还融入了作者对家乡春天到来的期待和因绿色景物而生发的宁静美好感受,引领读者置身于一片绿色之中,让读者似乎也感受到了那份清新与怡然,这种对家乡的美好情感特别值得珍视。

思路梳理

动动笔,写一写上面文章的行文思路吧!

我是如此地热爱故乡

故乡,一个载满了记忆的地方。

手机"嗡嗡"地响,是堂弟的消息:"哥,故乡的杏花开了,你回来吗?"看着堂弟的信息,我的回忆涌动了起来:弯弯的田间小路,紧贴的平房,平房上空盘旋的鸽子……顺着梯子爬上房顶,向远处望,山高水长,天地相接。沿着梯子再爬下来,院中的杏树正开着花,杏花不断冒出花香,让我们身上也总是香香的。

"我想老家了",一个声音在心里炸裂开来,我急忙在手机屏上打出了一个"回"字。

次日清晨,我坐上了回家乡的车,心随着车上下颠簸,颠上去是激动,颠下来还是激动,真想一下子颠到家门口。

"吱嘎"一声,车到站了。我一刻不停地飞奔向故乡的家,还没到家门口我就大喊了起来:"爷爷奶奶,我回来了! 我回来了,爷爷奶奶!"不知是我的声音撞开了门,还是我刹不住的身体闯进了屋,爷爷奶奶看着"从天而降"的我,一下子怔住了。"爷爷,奶奶,是我啊!"我一边喊叫一边跳,直到把他们的惊讶跳成喜悦。

"你怎么来了? 一个人来的? 你爸你妈呢? 怎么来的……"还没等我们交换彼此的喜悦,奶奶就抛出了一连串的问题。"长高了,也壮实了",爷爷也在旁边打开了他的语言系统,看着爷爷奶奶欣喜的模样,我的鼻头竟涌上一股酸意。但这酸很快就被奶奶不断塞进我嘴里的小吃挤成了甜,这甜度也在奶奶又一串的连环追问之下不断升级——这次回来能住几天啊? 多住一段时间再走呗? 带着作业了吗? 一会儿跟奶奶去集上吧——直逼得我大脑中的多巴胺连连爆表。

我是如此热爱我的故乡,热爱我的亲人所在的故乡。

院子里传来一阵响动,原来是木槿花围成的篱笆被狂奔而来的堂弟撞坏了,看着一手握着乒乓球拍一边大口喘气的堂弟,我一下子就明白了他的意思。"走,打去!"我翻出了箱子中的球拍,搂着和我齐肩的堂弟走向了球台。杏花树下,球台两边,我和堂弟,堂弟和我,你来我往,我打你接,他的开球侧下旋被我轻松击回,我的直板爆击被他稍稍削弱……球在我俩之间穿梭,喝彩声在爷爷奶奶嘴里翻飞。削近台,反手拧拉,接正手抽球,我们越打越起劲儿,一时之间竟难分胜负。直到中场休息,大汗淋漓的我们身上竟无半点汗臭味,取而代之的是熟悉的杏花香。抬眼看看杏树,它好像也在慈祥地看着我们,似乎我们还是曾经在它身上爬上爬下的小孩,还是曾经在它身后躲着玩藏猫猫的小孩,还是曾经趁着没人攀着它的枝条摘青杏儿的小孩……

我是如此地热爱这伴我长大的杏树,如此地热爱我的故乡,热爱一切未变的故乡。

再次回到屋里,走进小时候住过的房间,一切都没变,桌上的台灯、叠放的球拍和被擦拭得一尘不染的全家福……什么都没变,什么都还停留在从前,无论是房间的布置,还是院中的杏树,还有故乡远处的山峦。

我如此地热爱着我的故乡,故乡也依然深深地爱着我。

习作点评

小作者通过生动的描写和动人的情感,写出了对故乡的美好回忆,展现了作者对故乡无比的热爱和无尽的眷恋。文中的故乡是一个载满回忆的地方,每一个细节都勾起了作者对幼时美好时光的回忆。从杏花开放到与家人团聚,再到和堂弟的乒乓球比赛,每一个场景都充满了温情和感动,与祖父母的亲情互动以及与堂弟的友爱交流,展现出家庭的温暖和故乡情结的深厚。最后,作者回到以前的房间,看到一切都没有变,这一幕无声地传达出"亲情永不会因时间的流逝而逝去"。文章情感真挚动人,让读者也沉浸其中,感受到了故乡带来的温暖和感动。

思路梳理

动动笔,写一写上面文章的行文思路吧!

_____

_____

_____

窗 外

回老家的路上,每一次看向窗外都会有新的体会,其中有过去的余韵,也有我对未来的期许,新旧交织,成了独属于我的景致。

还记得初次上高速,那时正值冬季,树寂草枯,将荒凉表现得淋漓尽致。而现在,路边郁郁葱葱的树林,在阳光下泛着生命的光泽,往日的荒凉已经成为过去,成为这片闪耀着生命光芒的土地的养分。

村庄道边的水沟一如往常,时而有水时而没水,但有水的日子远远多过了没水的时候,从前水中垃圾铺满水面的情形已经是过去式了,但是那好似绿布的浮萍倒是留了下来,像是被人扯裂了一般,或丝丝缕缕或星星点点地分散在水面上。周边的房屋依旧没有太大变化,恍惚间仍像在几年前一般,但我分明听到一种"生长的声音"正破土而出,看到了一颗在"旧"的上面生长伸发的新芽,虽然目前还不明显,但我相信它终会长大。

经过岁月的变迁,路边的工厂换了又换,那残存的过去的痕迹也在不断翻新中被带走了,可终究还是存留下来了一些——像那永不停歇的锯声,像那飘扬的木屑。木屑在空中飞舞,有大有小,闪烁着像朱砂一样的光芒,整个车间总是有着团团红雾,雾气中弥漫着独属于木头的香气,也裹挟着一份我不可分割的童年。如今工厂虽然改建了,但还是有些东西留了下来——锯子的声音,红色的"雾",还有木头的香气。

镇上,以前都是些低矮的平房,如今大都换成了高楼大厦,但是路边的小饭馆还在,依旧人来人往,热闹非凡。城市与乡镇在此碰撞,产生了这个既有着城市的繁华又有着乡村的朴实的地方。或许有一天,城市会不断侵蚀乡村,但乡村的朴实却不会因城市的崛起而消失殆尽。

到了目的地,打开车门,窗外变为眼前。眼前的小院变化很大,但不变的是家人的温情。世界上的一切都是这样,从新的腐败成旧的,又从旧的生长出新的,但总有什么会留下来,像童年回忆,像家人的温情,像心中固守的独属于自己的曾经。

习作点评

　　作者描绘了时光流转中家乡物况的变化,从冬天的荒凉到如今郁郁葱葱的树林,从水沟旁的浮萍到工厂锯声的回响,每一个细节都勾勒出时光的痕迹,从而和作者的记忆交织。在作者看来,家乡是过去和未来的交接点,是童年回忆和家人温情的所在,是变化与永恒的共存之地。文字中透露出作者对家乡的深厚情感和对生活的感悟,带给读者强烈的共鸣。

思路梳理

动动笔,写一写上面文章的行文思路吧!

这里,我写下美丽的诗行

这里,千百年来被无数人所喜爱,留下不尽的诗行,这里便是江南。

来到西湖,总会想到"欲把西湖比西子,淡妆浓抹总相宜""山外青山楼外楼,西湖歌舞几时休"等名诗佳句。吟着美句,吹着西湖的风,乘着游艇赏美景,自成了最惬意的事情。细细赏来,你会发现那景有两面,一面是江南独有的韵味,一面是湖边美院之景。走进中国美术学院,观的不仅仅是学生所绘的作品和载有西湖历史的画作,观的更是我那美好的梦想与目标。在这里,我曾对母亲说"将来我一定努力考到这所大学"。在那里,我将自己的铮铮誓言化作最美丽的诗行,写在了我的本子上,更写进了我的心里。

转入乌镇,一巷一砖,一瓦一栏,行走间我真切地感受古人诗行中的江南,"小桥流水人家""脚掂碎步石苔响,韵出江南盈水情",看小雨稀稀疏疏地洒落在木桥之上,听雨滴滴落于水中发出的美妙乐声,绵阴雨,乌篷船,人世间……雨中的乌镇如诗如画。如果说每个北方人都有一个"江南梦",那我的"江南梦"却与他们不尽相同。我的梦里有江南的庭院,也有庭院深深的清冷感;有江南的秀山丽水,也有山水浸润出的温润绵软。当然,更重要的还有那所处江南的美院。于是,我拿起画板,将一幅《雨中江南》绘于其上,把我的梦想寄托于笔端。笔端之下,唯美的画作静默不语,美丽的诗行静静流淌。

在这里,赏西湖游乌镇,品析文人墨客的佳作美篇;在这里,探美院明志向,我用双手写下美丽的诗行。行于江南,思于美院,美丽的岂止诗行,还有我的梦想和明天!

习作点评

作为古往今来被无数人喜爱的地方,西湖激发了无数人的创作灵感,无数文人墨客在此留下了美丽的诗句。作者在中国美术学院的参观更加激发了作者对梦想的向往,让他下定决心努力学习,实现上大学的梦想。而走进乌镇则像是走进了古人笔下江南的诗意世界,雨中的乌镇更显出江南的古韵和美丽。作者在这里也写下了属于自己的美丽诗行,感受到了古人笔下江南的意境,将自己的梦想与对这些地方的热爱融为一体,用诗行表达了对这些美丽地方的情感和向往。

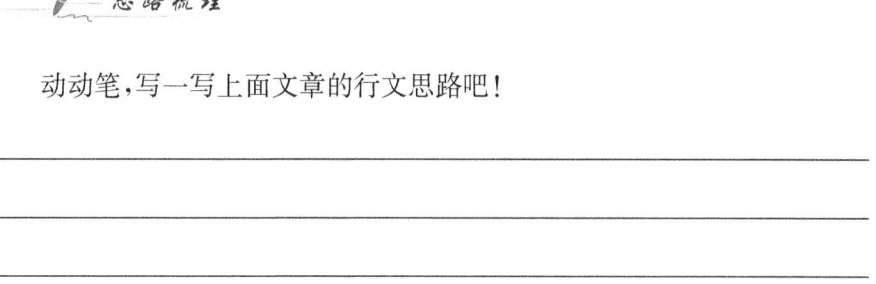

思路梳理

动动笔,写一写上面文章的行文思路吧!

上海的美

有一种美是明艳与朴质并存，热烈与淡雅相融，这种美可能附着在一物上，也可能彰显于一座城中，上海正是把这种美发挥到极致的所在。

踏着青灰色的石砖，走进弄堂，看两侧院墙上互相"推搡"的爬山虎和掩映中淡雅"羞涩"的牵牛花，你的蔓，我的藤，手牵手，根连根，像极了弄堂里东家邻西家舍，你中有我，我中有你。每至夏日黄昏，常有穿着白褂蓝背心的老者坐在院门前，挥着大蒲扇，不时和来往的人打着招呼；也有老者佝背弯腰，拎着鸟笼，迎来送往。同沐一轮斜阳，共踏一方土壤，时间定格在他们在相遇的一刻，化成了动人的景致和说不完的弄堂故事，成了上海独特的美，朴质与淡雅的美。

从这美中抽身，坐上回家的地铁。晚高峰时段，每节车厢都塞满了人，你挨着我，我倚着你，攘攘中不失秩序，熙熙间不缺和谐。狭窄的空间里，低头看手机者有之，仰头闭目者有之，耳插长线听音者有之，手触电脑来回移动加班者有之……一节车厢不大，却容纳了来自不同行业、领域的劳动者，他们在时间的流逝中见缝插针，丝毫未因地铁的疾速打乱自己的节奏——快速的节奏，拼搏的节奏，奋斗的节奏……那节奏和地铁的嗡鸣相谐的一刻，化成了最美的旋律和城市故事，成了上海独特的美，明艳与热烈的美。

没有过多地在这美中逗留，我步履匆匆地登上家对面的天桥。华灯初上，车与灯与人，上下一体，同向是红与红相接的汽车尾灯，反向是黄与黄相连的汽车前灯，车车相衔，灯灯相映，好一派车水马龙的热闹景象。再加上马路周遭高耸的写字楼，里面又一派灯火通明之景，一时之间竟叫人分不清这是黑夜还是白昼，却让人看清了奋斗的身影和面容！

这就是上海，这就是上海的美，既有快节奏，也有慢生活。美在快与慢共融共生，美在在快节奏中找到合适的节点，在慢生活中把握生活的乐点，且行且赏，感受这独特的美。

习作点评

　　小作者通过对弄堂的描述,展现了上海独特的历史文化氛围和社区生活情景。弄堂里爬山虎和牵牛花的交错,老者们的日常生活场景,以及黄昏时分的宁静和温馨,都勾勒出一幅朴实淡雅的画面,体现了上海这座城市的人情味和亲近感。地铁中,描述晚高峰时段的拥挤场景和乘客们的状态,展现了上海作为现代大都市的繁忙和高效。乘客们各自忙碌的场景,却在狭窄的空间中保持着秩序和和谐,体现了城市中不同人群的生活节奏和拼搏精神。作者对快节奏和慢生活的思考和感悟,既有客观描绘又有主观感受,展现了小作者对上海这座城市的深刻理解和独特视角。

思路梳理

动动笔,写一写上面文章的行文思路吧!

_____

_____

_____

写廊坊

你要写廊坊,就不能只写廊坊;
你要写黄帝治天下,始经安墟,
写杨家将镇守三关,威震中华,
写义和团对抗入侵,气震寰宇。

你要写廊坊,就不能只写廊坊;
你要写大事不糊涂的吕端,
写与董仲舒一较高下的韩婴;
写将军孙毅身经百战,赤胆忠心;
写烈士黄诚铮铮铁骨,志量可佩;
写陈然在渣滓洞里高唱凯歌,
抛洒热血,永生于烈火。

你要写廊坊,就不能只写廊坊;
你要写吕家的宰相,写他盖起的侍郎房;
你要写天灵人杰的永定水系,
写相拥入海的双河,龙凤呈祥;
你要写它们积淀的文化,
写它们对这片土地的滋养。

你要写廊坊,就不能只写廊坊;
你要写千年隆福寺,云里听梵音,
众生祈福,共沐吉祥;
你要写浪漫光明桥,霓虹璨星河,
转体对接,横跨高铁;
你要写夜来灯万盏,尽落水云间,
不是江南,恰似江南。

你要写廊坊,就不能只写廊坊;
你要写第什里的风筝,写明丽的焦氏脸谱;

你要写固安雕漆的精致典雅,写京东大鼓的质朴无华;
你要写屈家营古乐兼备南北风韵,写胜芳花灯会重燃古镇烟火。

你要写廊坊,就不能只写廊坊;
你要写外焦里嫩的香河肉饼,
写咸淡相宜的三河豆腐丝,
写薛家窝头,松软绵甜,
写驴肉火烧,唇齿留香。

或许它毫不起眼,或许它平凡普通;
但如果你问我来自哪里,
我会自信地说,
京津走廊上的那颗明珠——
小城廊坊。

习作点评

习作提及黄帝、杨家将、义和团等历史人物和事件,展现了廊坊作为历史文化名城的重要地位和影响力。对吕端、韩婴、孙毅、黄诚等历史人物的描写,展示了廊坊这座城市英雄辈出、颇具忠义之风的特点。此外,描述廊坊的地理景观和文化底蕴,如永定水系、隆福寺、光明桥等地标建筑,以及风筝、脸谱、古乐等民俗文化元素,展现了廊坊城市的多样性和丰富性。最后,作者通过对廊坊特色美食的描述,如香河肉饼、三河豆腐丝等,展现了廊坊独特的美食文化和地方特色,为这座城市增添了别具一格的魅力。充分展现了小作者对廊坊这座城市的深情眷恋和独特理解,呈现了廊坊这座城市丰富多彩的面貌和独特魅力。

思路梳理

动动笔,写一写上面文章的行文思路吧!

慢一点，又何妨

闲来无事，翻开《文化苦旅》，读到《江南小镇》，便忆起过往。

初至杭州，便逢文中景，思绪不禁飘散。摒弃繁忙的事务，体验一次慢生活。沿着西湖边的小道，走走停停，不一会儿便来到断桥处。

眼前的一切画面是如梦般的。雾萦西湖，疏影横斜，远处山峦轮廓变得浅淡，与看似无际的湖面，交融为一体，水天一色。向远眺望，有一叶小舟缓缓驶于湖面，带起层层涟漪。涟漪尽头的那棵祈愿树上，承载了过往多少行人的情思。

堤岸边树木新生，正逢仲春，杨柳随风沐雨。远离了城市的喧嚣嘈杂，难得内心平静，想二三事，思三五人，真是别有一番滋味。

雨不知不觉停了，这是南方常有的。街上依旧行人如织，伴着雨后薄雾，漫无目的地向前走去。循着父母的行踪，我来到了一处隐藏于西湖边的小院吃饭。人不多，老板独自一人在前面招呼着，十分热情。没过一会儿，菜就上来了。夹一块期待已久的西湖醋鱼，酸甜鲜香的味道便在舌尖散开，传至整个口腔；赏一盘龙井虾仁，鲜明透亮，拂手轻嗅，茶香四溢。老板与父亲交谈甚欢，眼见那份"宋嫂鱼羹"，便饶有兴致地讲了讲这菜的来历。

吃完，行至灵隐寺，满眼尽是讨喜的绿，空气中混着草木香，潮湿清新。寺院内钟声沓沓，殿阁内经声喃喃，众佛像俯视芸芸众生，见者无一不心存虔诚。寺内楹联赫然写着"人生哪能多如意，万事只求半称心"，一路风光霁月，山高水长，一时间我似乎突然明白，我们应放下世间纷扰，坦然前行，慢慢体验人生。

夜晚，回想这一天，对比之前每天忙碌于三点一线的快节奏，深感这里生活节奏的不同。在路上，我看到街旁小店前，总有一些老者聚在那里闲聊饮茶，享受清风吹拂；你追我赶的小孩们脸跑得通红，跑赢了同伴便欣喜若狂，跑输了也燃起了再比的欲望；小吃店的老板，不急不慌地摆弄着手中的工具，全然不顾顾客在店前排起的长龙，似是要让他们先把眼前的美景吃个够。

他们慢品生活，享受生活，不急功近利，在自己所喜爱的一方天地，坚定而快乐，朋友，驻足欣赏人生中漫漫风景吧，如此这般，慢一点，又何妨？

习作点评

读到小作者的文字,仿佛自己再一次置身于杭州西湖畔,感受着那份宁静和悠然。江南小镇风情,勾勒出一幅细腻而美好的画面,让人仿佛能闻到杨柳的清香,感受到雨水的润泽。在忙碌的生活中,停下脚步,感受生活的美好,听风听雨,看花看草,体验慢生活,或许能让我们找回内心的宁静和平衡。正如小作者所说,"放下世间纷扰,坦然前行,慢慢体验人生",或许会让我们更加深刻地理解生命的意义。

思路梳理

动动笔,写一写上面文章的行文思路吧!

审题篇

审题步骤点拨

一、步骤梳理

（一）审题立意——磨刀不误砍柴工

审题与立意，就是先了解"要我写什么"，再确定"我要写什么""为什么写"的问题。动笔之前，要深入思考、反复推敲作文题目，从而锁定选材，确定立意，从"有的写"到"可以写"再到"写得好"，需要学生投入一定的时间，砍柴先磨刀，下笔先审题。

审题——横看成岭侧成峰

审题，就是要抓住关键，弄清题旨，这是决定作文成败的第一个重要环节。审得清楚，自然知道该立什么意。一般来说，审题分为四步：审题型、审关键词、审提示语和审要求。我们以一篇命题作文为例——

岁月如水，于无声无息中流走，在生命的长河中，始终有一种声音萦绕耳畔，留在心间。或许是一声叮咛，或许是一曲童谣，或许只是一阵铃声……是它使我们学会"愈挫愈强"的不屈；是它使我们体会"谁言寸草心，报得三春晖"的感恩之心；是它使我们从彷徨无知到看清社会，拥有"举世皆浊我独清"的理智！

请以"流淌在岁月里的声音"为题，写一篇作文。

要求：①有真情实感；②除诗歌外，文体不限；③不少于600字；④文章中不要出现真实的地名、校名和人名。

1. 审题型，明确写作任务。本题是一篇命题作文，不可更改题目。
2. 审关键词，明确写作重点。题目"流淌在岁月里的声音"是一个偏正短语，中心语"声音"帮助我们确定了写作重点，声音是文章描写、叙述、议论的主体。修饰语"流淌在岁月里的"可以有两种理解，一是流淌在过去的岁月里,可以写回忆中的声音;二是立足于今天,写当下听到的声音,也可以同时回忆过去,展望未来。

  3. 审提示语,明确题目内涵。提示语是对作文题目的进一步说明,是为了降低题目难度或规定题目范围所采用的一种启发学生写作思路的方式。审清提示语,可以进一步明确题目内涵,缩小选材范围,明确立意方向。一声叮咛、一曲童谣或一阵铃声,提示我们写作内容,但思路不应仅仅局限于此,省略号告诉我们可以发散思维,选择你想写的声音,如自然界里的声音、社会中的声音等。立意方面,学会"愈挫愈强"的不屈提示我们可以写声音带给我们成长和改变的故事,即成长类作文;体会感恩之心提示我们可以写声音对我们情感和心灵的触动,即情感类作文;从彷徨无知到拥有理智提示我们可以写声音带来的思考和感悟,即感悟哲思类作文。

  4. 审要求,避免出现硬伤。文章要写真事,说真话,抒真情,要以我手写我心,感动自己才能感动他人。

再来看一篇话题作文——
  幸福是什么? 幸福就是起床洗漱后,吃到妈妈准备好的早餐;幸福就是拼搏了一个学期,看到试卷上的对号越来越多;幸福就是在假期里,坐在沙发上看一本喜欢的书……
  生活中的小小幸福和快乐,是流淌在生命中的稍纵即逝的美好。
  请以"小幸福"为话题,写一篇作文。
  要求:文中不出现真实的人名、地名、校名等;字数不少于600字;文体不限。

  1. 审题型,明确写作任务。请以"小幸福"为话题,写一篇作文。本题是一篇话题作文,话题往往是一个较空泛的概念,不能直接拿来作题目,而是需要化大为小,自拟题目。

  2. 审关键词,明确写作重点。"小幸福"是一个偏正短语,"幸福"是中心语,决定了文章的写作重点和立意方向,而修饰语"小"则提示我们要选取生活中的小事件、小细节,来体现"幸福"这个大主题,即选用"以小见大"的写作手法。

  3. 审提示语,明确题目内涵。"幸福就是起床洗漱后,吃到妈妈准备好的早餐"提示我们幸福就是享受被爱;"幸福就是拼搏了一个学期,看到试卷上的对号越来越多",提示我们幸福就是拼搏之后收获的快乐,可以写成长类的作文;"幸福就是在假期里,坐在沙发上看一本喜欢的书"提示我们幸福就是做自己喜欢的事,幸福就是空闲的时间享受生活,可以写阅读类、生活情趣类的作文……

4. 审要求,避免出现硬伤。"文体不限"不代表没有文体,无论写成记叙文还是议论文等,都要做到文体明确,不能写成四不像。

立意——千古文章意为高

立意,就是提炼和确立文章的主题。"意犹帅也",主题是文章的统帅和灵魂,选材组材、谋篇布局、表现手法等都要根据主题的需要来确定,没有立意,写作的内容就成了无帅之兵、乌合之众。而立意新颖深刻,是作文闯入高分区的关键。

以《流淌在岁月里的声音》为例——

我们可以立足于"小我":写亲人朋友的叮咛声、童谣声、唠叨声、脚步声、掌声、呐喊声、加油声……从疼爱、陪伴、鼓励和感恩等情感角度立意;写琴声、鼓声、歌声……从努力、坚持、拼搏等哲理角度立意。还可以放眼"大我",写自然、写社会,写蝉鸣声带来的哲思,写风雨声引发的回忆;写磨刀师傅几十年的坚守,写卖糕小贩吆喝声中的诚信;写轮椅老人二胡声中的热爱与执着,写说书先生惊堂木声的敬业和传承。还可以体现红色主题,写"九一八"的警鸣声,写侵华日军南京大屠杀遇难同胞纪念馆的滴水声……

再以话题作文"小幸福"为例——

我们可以正向立意,幸福是拥有亲人的疼爱、陪伴、鼓励、安慰……是享受被爱;也可以反向立意,幸福是付出自己的爱;也可以双向立意,幸福就是相互陪伴,"草在结它的种子,风在摇它的叶子,我们站着,不说话,就十分美好";抑或是以第三人的视角立意,幸福就是家人闲坐,灯火可亲,幸福就是爸爸爱妈妈,妈妈爱爸爸……

我们可以立足"小我",专注自我:幸福就是每天进步一点点,幸福就"偷得浮生半日闲",幸福就是一切刚刚好的小幸运;也可以放眼"大我",与人交往:幸福就是赠人玫瑰、手有余香,幸福就是收到善意的微笑,幸福就是收到意想不到的小惊喜……

（二）布局谋篇——缎帛自出机杼间

谋篇布局往往解决怎么写的问题。如果说文章的主题是"灵魂"，材料是"血肉"，那么结构就是文章的"骨架"，有了坚实的"骨架"，"血肉"才有依附，"灵魂"才有归属，所以我们要根据材料来选择适合的结构，达到内容与形式的浑然天成。善谋巧布，经纬互间，方能成于机杼。继续以《流淌在岁月里的声音》为例，根据材料来安排结构：

1. 写一种声音，一件事，突出一个主题，可采用起承转合或双线并行式结构成文。

2. 写一种声音，多件事，突出一个主题，可以声音作为线索，采用一线串珠式结构或时间推移式结构来成文。

3. 写一类声音，多件事，突出多个主题，可采用三江汇流式结构，将声音作为情感的触发点来成文。

二、审题技巧

1. 寻找中心词

中心词是作文题目中给我们确定了写作内容的关键性词语，找中心词是有规律可循的，如"最美的风景"这一题目是"定语＋中心语"的偏正短语，中心词是"风景"，它要求我们围绕成为风景的人、事、物或现象来写；"真的不容易"是"状语＋中心语"的偏正短语，中心词是"不容易"，要求我们重点写如何不容易，呈现一个经历坎坷曲折、付出艰辛努力的复杂过程；"走过那个拐角"是一个动宾短语，中心词是"走过"，作文中要写"为什么走过""怎样走过"；"第二次真好"是一个主谓短语，中心词是"第二次"，直接点明了写作重点是第二次的经历。

2. 研读修饰语

作文的题目中还有很多起修饰、限制作用的词语，由定语、状语、补语构成，这类修饰词语常常是文章的表意重点，对我们的写作提出了具体的要求。如半命题作文"不一样的_____"，题目中的"不一样"对中心词起到修饰的作用，提示我们在选用富有表现力的材料的同时，还可以采用对比或欲扬先抑的手法，才能突出"不一样"；"其实，也没那么_____"中，"其实"的意思是"实际上，事实上"，提示我们写作中要通过对比，来突出事实和最初的心理感受的不同；命题作文"依然勇敢"中"依然"的意思是"依旧，和原来一样"，它要求写从过去到现在，重点是现在，我们可以采用插叙的叙述方式，使文章波澜起伏、引人入胜；"生活处处有阳光"中的"处处"提示我们至少写三件事;"各显其妙"中的"各"提示我们要写群像类作文。

3. 思考引申义

有一类题目常常以"物"命题,并含有引申义、象征义、比喻义,需要我们细细揣摩。如"开在心中的花","花"可以比喻一切真善美的事物,"开在心中的花"就是要写美好的人或物带给自己的温暖、抚慰、希望、力量等;"翻过那座山"中的"山"可以象征困难、挫折,也可以象征偏见、认知等;"推窗风来"中"窗"可以引申为"心窗"等与外界交流的通道,"推窗"就是敞开心怀,走出封闭,接纳外界,"风"引申为感受到的爱意、鼓励、触动等精神感受。类似的题目还有"心中的一片月""为了那片海"等。

2023年部分省(区、市)试题审题分析

【天津】

每个人都是社会的一员,人与人之间常常会产生各种关联,因而与人交往就成为生活的重要组成部分。在交往中,你也许会遇到困惑与烦恼,但也会发现人性的美好,获得温暖与启迪,还可能会领略到从未见过的风景……同学们,对此,你有怎样的经历和感悟呢?请自拟题目,自选角度,写一篇文章。

要求:①紧扣主题,内容具体充实;②有真情实感;③文体不限(诗歌、戏剧除外);④不少于600字;⑤文中请回避与你相关的人名、校名、地名。

【审题分析】 从写作类型上来看,该题属于材料作文,对材料进行解析就成了审题的第一步。先对材料进行分层:第一层"每个人都是社会的一员,人与人之间常常会产生各种关联,因而与人交往就成为生活的重要组成部分",强调人与集体、人与人之间关系的普遍性;第二层"在交往中,你也许会遇到困惑与烦恼,但也会发现人性的美好,获得温暖与启迪,还可能会领略到从未见过的风景……",侧重强调交往的好处和价值;第三层"同学们,对此,你有怎样的经历和感悟呢",意在引导学生思考交往带来的启示,而这些启示一定涉及成长。

通过对材料的分层处理,"交往"及其价值就成为本题的中心,从而将选材指向"交往",即人与人之间的接触、往来,而立意的重点就在于这些接触和往来给写作者带来的价值和意义,或是情感上的触动,或是精神上的碰击,可着重抒情,也可生发议论,抒情也好,议论也罢,都是写作者阐述心灵成长的载体。

【上海】

会心,意思是从学习、生活中领会道理,或是对别人没有明说的意思心

领神会,也可以指彼此之间的情意相合。

请以"会心之乐"为题,写一篇600字左右的文章。

要求:①不得透露个人相关信息;②不得抄袭。

【审题分析】该作文依旧是"材料+命题"的形式,命题是偏正短语,对于此类作文题目的审视,要先确定中心词的意义或性质。

"乐"字明确了写作的情感趋势,而修饰语则是写作的重点,其突破点在于意思的解析,此时材料给出了明晰的定义:从学习、生活中领会道理,或是对别人没有明说的意思心领神会,也可以指彼此之间的情意相合。此解说从审题层面给出了选材的提示,可以在学习、生活中找寻合适选材,也可以在人际交往中选择适合的内容,但无论是从何处选材,都要注意到"会心"二字侧重所选之材给自己带来的领悟、思考或对自己情感的触动,而这些领悟、思考或情感触动,无一例外地都让写作者快乐。

【河北】

阅读下列文字,按要求写作。

"守常"体现着中华民族的智慧。《管子》就曾用"故法而守常",强调做事要按照常理,遵循规律。如今,我们要守学习之常,守工作之常,守为人处世之常,守优秀传统文化之常,守理想信念之常……

围绕"守常"这一话题,选择一个角度,写一篇文章。可以讲述故事,可以发表看法,还可以说明某一现象或事理。

要求:①内容积极健康;②表达真情实感;③除诗歌外,文体不限;④不要套写、抄袭;⑤不少于600字;⑥不要出现真实的地名、校名和人名。

【审题分析】从写作类型上来看,该题属于"材料+话题"的类型,此类型除了对材料的仔细审读之外,还要有拟题的考量。

先对材料进行层次划分:第一层就是材料第一句,指向"守常"的重要性,指出其是智慧,且是中华民族的智慧;第二层是《管子》的言论,此层次给出了"守常"的概念,常即常理和规律,守常即按照常理,遵循规律;第三层是材料余下的部分,强调"常"存在于生活的方方面面,无论是学习、工作,还是为人处世、优秀传统文化、理想信念等,其中都有常理和规律,都需要遵循。由此可见,审题的关键在于明确生活中哪个方面有何常理或规律,至于如何遵循,则可作为次重点来呈现。

【河南】

阅读下面材料,任选一题作文。

每一朵野花都有一张干净的脸/我轻声喊着它们的名字/黄蒿、野菊、小飞蓬……/还有许多我实在喊不出它们的名字/只知道它们都是野花,装扮山野/最后我轻声喊出了自己的名字/我也是它们中的一朵/在天空下,在山坡上尽情开着……

(1) 请以"喊出_____的名字"为题目,写一篇记叙文。

要求:①在横线上填写合适的内容,把题目补充完整,然后作文;②表达意图明确,内容具体充实;③600字左右;④文中请回避与你有关的人名、校名、地名。

(2) 上面的小诗耐人寻味:即使不起眼的小花,也有自己的名字;即使我们是小花,也能在山坡上尽情开着……它能引起你怎样的思考和感悟?请自选角度,自拟题目,写一篇简单的议论文。

要求:①观点明确,有理有据;②600字左右;③文中请回避与你有关的人名、校名、地名。

【审题分析】从写作的类型上来看,该题属于"材料+半命题"类型,此类题目的关键在于材料的分析,而此材料较之于其他材料,因其"诗"的形式而呈现出思想更加深刻的特点。因此,解析出材料的意义就显得尤为重要。

解析材料的意义的第一步依旧是抓取材料的关键词,同时将关键词形成的逻辑链梳理出来。"野花"是材料主要陈述对象,其特点表现在"干净""喊不出它们的名字""尽情开着",当然,还有"野";其作用在于"装扮山野",其范围还包括"我"。通过以上关键词的找寻及逻辑的搭建,可以推导出材料的中心在于明确什么样的"花"有什么样的作用,其作用可以引发人们什么样的思考。由此审题的第一个重点就转换为确定"花"的特点,"野"字指向了自主自发、无拘无束,也暗示了不被关注、不被照顾等;"干净"可以用"不被污染、不被影响"等相关词进行替换,"喊不出它们的名字"则意味着很多野花不被关注,"尽情开着"则指向专注自我、做好自己等。以上暗示"花"的特点的词明显分为两类,一类指向其生存环境,一类指向其生长姿态,由此可以看出"野花"尽管不被关注、不被呵护,但它依旧不受其境遇的影响,依旧专注自我,无拘无束地恣意生长。审题的第二个重点就是在明确花的特点的基础上再将花的价值加入逻辑链条里,从而得出"野花"尽管不被关注、不被呵护,但它依旧不受其境遇的影响,依旧专注自我,无拘无束地恣意生长,同时也在发挥自己的价值和意义——装扮山野。审题的第三个重点是将"我"加入以上逻辑链里,"我"是谁,可以是写作者本身,也可以是生活中的每一个人,每一个平凡的人。

材料本身涉及"野花"的部分分析清晰之后,就需要对诗歌进行从表象到深层、从现象到本质的意义的提升。野花象征了生活中的普通人、平凡人,而野花的价值则体现了普通而平凡的人的价值和生存意义,即为社会的美好出一份力,其出力的过程既是自身价值得到实现的过程,又是其社会意义得到体现的证明。由此,半命题的题目中所需要补充的地方就可以指向生活中所有普通的、平凡的人。

而第二个文题中的导语"即使不起眼的小花,也有自己的名字;即使我们是小花,也能在山坡上尽情开着……"侧重"不起眼""名字""尽情开着"等关键词,前半句的逻辑在于普通人也值得被认识、被尊重甚至被铭记,后半句则强调了普通人也可以努力认真地生活、学习和工作,而这种状态也一定会有价值和意义,至于其价值和意义是什么,则在省略号里包含了,也是每个写作者独特感悟与思考的体现。

【安徽】

请阅读下面的文字,按要求作文。

入学时,老师一声"同学,你好!"的问候;百米冲刺时,同学们"加油!加油!"的呐喊;餐桌上,饭菜喷香可口;台灯下,纸笔"沙沙"作声;枝头上,嫩绿的新芽;田野间,金黄的麦浪……这些平常真实的点点滴滴,也许我们不曾深思,其实往往蕴藏着生活的美好,让我们的心灵得到滋润,让我们获得前行的力量。

上面的材料引发了你怎样的联想、感触与思考?请联系你初中阶段的学习和生活经历,自拟题目,写一篇记叙文,分享你的体验和发现。

要求:①文中不要透露你个人的身份信息;②抄袭是不良行为,请不要照搬别人的文章;③不少于600字。

【审题分析】从试题类型上来看,本题属于材料型文题,文题由材料及引导语两部分组成,可以先分析材料,将材料分为两层,第一大层列举了生活中的一些常见的情形和现象,第二大层则属于对主题方向的点拨、引导和提示。

为进一步明确写作方向,可以在初步分层的基础上对两部分进行细致的再分层。对第一大层的再分层来说,分法很多,由此带来的对材料的总结也不同。既可以从写人和写景角度再细分为两小层,将老师一声"同学,你好!"的问候、同学们"加油!加油!"的呐喊、饭菜喷香可口和纸笔"沙沙"作声这部分划分到写人层次,考虑其关涉到他人或自己;再将嫩绿的新芽和金黄的麦浪划分为写景层次。也可以从写学校生活、家庭生活和自然环境三个方面入手分为三层,还可以从学习、生活、自然的角度进行排列分层。除此之外,文段中的省略号也不可忽视,它的出现意味着学生在进行审题时除了考虑到其前面已列出的内容,还可以任意增加内容,增加内容只要围绕"平常真实"的关键词展开即可。

分析完第一大层,进入第二大层的分析。这一层可以从语意关系角度对句子进行切分或总结,切分的方法是抓取句子的关键词,抓住句中"平常真实的点点滴滴""不曾深思""蕴藏美好""让心灵得到滋润""获得前行力量"等词。通过对以上关键词的梳理,可知文段在第一大层列举的现象指向"平常"、"真实"和"点滴",进而分析文段意在引导学生观察和留意生活中自己身边的日常小事、小情、小景。"不曾深思"有两方面的意思,一是指生活的日常常常被忽视,二是说生活中的日常值得深思。"蕴藏美好""让心灵得到滋润""获得前行力量"则明确了生活中的日常的意义、价值和作用,强调了其对心灵、精神、情感等的影响。

综上所述,材料部分可总结为:生活中的日常是美好的,可以促进人的成长。

至于引导语的分析,也可以使用关键词抓取法,将"联想、感触与思考""学习和生活经历""体验和发现"摘取出来,明确此环节的关键词,一方面提出写作要求,另一方面和前面材料部分的相关内容进行照应。如"联想"既可对应材料中列举的现象,又可对应材料中出现的省略号;"感触与思考"对应"不曾深思""蕴藏美好""让心灵得到滋润""获得前行力量"等;"学习和生活经历"不仅可对应材料中列举的现象,也可以对应"平常真实的点点滴滴";"体验和发现"则既可对应材料中生活中的日常的意义、价值和作用部分,也可对应"真实"一词。由此可见,此引导语一方面规定了写作的方向,引导学生在材料的基础上进行立意构思;另一方面又给出了学生发挥的空间,引导学生不局限于材料本身。

经过对材料和引导语的分析,学生在选材时可以选身边的小事,也可选身边的景物景观,而主旨和情感则可以由事而得,由景而生。

【福建】

茅盾说过,"只有对于最后的胜利有确信,而又能够正确地估计到当前的困难的,方始能做韧战。"说起韧战,我们会想到文艺作品中百折不挠的革命先辈,现实生活中各行各业锲而不舍的先进人物,甚或是未来世界中笃定从容应对风云变化的奋斗者。

读了上面的材料,你有什么联想和感悟?请以"韧战"为题写一篇文章。

要求:自选角度,自选文体,自定文意。不要套作、抄袭,不要泄露个人信息,不少于600字。

【审题分析】从试题类型上来看,此题属于"材料+命题"的方式,此类型试题中的材料可能会对题目中的关键词进行解释,也可能对题目的立意方向进行指引,或对题目写作范围进行限制,认真阅读与分析对于理解题目自是裨益多多。

对于材料的分析,依旧要从分层开始,明确各层侧重与指向。材料可以分为三层,第一层是名人名言,引出"韧战"的话题,同时给出了关于"韧战"的两个前提条件,一是对于最后的胜利有确信,二是能够正确地估计到当前的困难,这两个前提条件一个指向自信,一个指向智慧和冷静。

为进一步引导学生解读韧战的概念,第二层列举了文艺作品和现实生活以及未来生活中的例子,那么这些不同方面的例子中的共性就成了审题时的重要方面。从"百折不挠"到"锲而不舍",再到"笃定从容应对风云变化",无一不指向韧战者的品质,至于何谓韧战者,则从"革命先辈""先进人物""奋斗者"进行了界定,此界定表面看起来是对韧战者身份的界定,实则也提示了韧战的价值或是韧战者的意义,韧战的终点是"先进",是"奋进",是榜样,是力量。

材料之后是引导语,该引导语依旧是对写作要求方向的提示,也仍然离不开"联想"和"感悟"两词,此类词提示写作者要注意行文立意的提升,而不是单纯停留在叙事上。

此外,对于本题"自选文体"一项的要求,可以从记叙文和议论文等不同文体方面入手构思立意,但无论文体为何,都需要先明确命题意图。既可以就引导语中谈到的"韧战"的前提——自信和智慧冷静——来选取能体现该特点的事件,也可以结合"百折不挠""锲而不舍""笃定从容"等特点进行选材,而选材时都要把"韧"这一特点作为前提,比如"困境""挫折""磨难"等,情境的特殊化会让"韧"的特性体现得更加淋漓尽致。如果从议论文的角度来说,可以从"成功固然要战,但更需要韧战"的观点出发,遴选合适的论据,再对中心论点进行论证。

【海南】

阅读下面材料,任选其一按要求作文。

（题一）成长需要体验和感悟。这一话题引发了同学们深入的讨论,大家纷纷参与并表达自己的观点和看法。

同学A:我热爱阅读,阅读让我增长见识,开阔眼界,认识世界,邂逅美好……我坚信阅读能照亮我前进的方向。

同学B:我家有一片果园,节假日我常随父母去照料果园,不仅学到许多果树种植的知识,还提高了劳动的技能。劳动改善了我们全家的生活,我认为劳动能带来幸福。

同学C:我觉得成长不一定是轰轰烈烈的,生活中每一个善举都意味着成长,我们应该传承雷锋精神,从身边的小事做起,乐于助人,无私奉献。

……

根据以上三位同学的观点,选择其中一个角度立意。自定文体(诗歌除外),写一篇文章。可以叙述经历和故事,可以论述观点和看法,还可以用书信、发言稿、演讲辞等形式交流认识和感悟。

（题二）书籍是我们成长的精神食粮,早期的书籍是将文字刻在竹片上的"书简",后来人们又将文字写在帛锦上就有了"帛书",再后来有了纸质书籍,现在又出现了电子书籍,未来还可能出现其他形态的书籍。不同的书籍会生发不同的成长故事,假如书籍是可以植入大脑的芯片,假如书籍是可以输入身体的营养液,假如书籍是一种特制的饮料……会有怎样的故事发生呢?

请发挥你的想象,写一篇记叙文,想象要合理,故事情节要具体生动,写出真情实感。

要求:①题目自拟;②书写工整,卷面整洁,不少于500字;③不得泄露个人相关信息,凡涉及真实地名、校名、人名,请用XX代替;④不得抄袭试卷中的材料及他人作品。

【审题分析】(题一)此题是材料型作文题中的"众人说"一类,此类材料往往由话题+众人说两大方面构成,审题时要明确众人讨论的话题是什么,从此则材料来看,话题是"成长需要体验和感悟"。然后,对材料中所列举的不同的说法进行分析,分析的第一步是要判断对象、明辨是非,即分析不同的说法是否存在"对错"之分,有无"是非"之辨。从本则材料列举的三位同学的言论来看,都是正确的言论,只是侧重点不同而已,A同学侧重读书对成长的帮助,B同学侧重劳动对成长的意义,C同学则强调了善举、小事对于成长的价值。

解析材料之后,再来看引导语——根据以上三位同学的观点,选择其中一个角度立意。此引导语需要细细分析,首先强调根据以上三位同学的观点,这就意味着要能分析出三位同学发言的切入点,其次要选择其中一个角度立意,对于"一个角度"的理解,需要明确的是,角度既可是三位同学当中的一位的切入点,也可以是两两组合或三个组合之后的切入角度,当然,前提必须是这些组合之间有一定的关联或逻辑关系。需要注意的是,任选一个同学的切入点来生发立意有入题点小且精的优势,组合的切入点则有全面和辩证的优点,各有千秋,关键看写作者的驾驭能力。

(题二)此题目以书籍为切入点,谈到了书籍的演变,又对书籍的形态进行了大胆的假设,之所以有如此的设想,和后面的写作要求分不开。此题要求"发挥想象",这就意味着文章情节可以超脱现实,但不能过于荒诞。此类文题对写作者的想象力挑战大,构思立意时可以先立足一个现实的主题,再进行情节的想象和加工,如此才不至于情节过于离奇。

【广西】

生活中的人、事、景、物,点点滴滴,本是平常,却于某一瞬间、某一经历,让你突然感悟到原来这些平常也可贵,值得珍惜。

请以"原来,平常也可贵"为题目,写一篇记叙文。

要求:①把题目抄写到答题卡指定位置;②不要套作,不得抄袭;③不得透露真实的校名、人名等信息;④不少于600字。

【审题分析】从试题类型上来看,该题目属于"材料+命题"的形式,对于此类类型,材料往往给出审题提示或限定,命题则具体明确写作限制。

对于此题材料来说,篇幅不长,可以快速抓取关键词,进而概括出材料的主要内容。材料入题中的人、事、景、物可以和"点点滴滴"合而为一,留下"点滴"一词即可。之后出现"平常""可贵""值得珍惜"这样一条逻辑链,此外还有"瞬间""经历"这样的限制词。通过对以上关键词的梳理和分析,可见"点滴"与"平常"的概念相关,即平常多是点滴,点滴往往平常,而这些"平常"是可贵的,是值得珍惜的,这样的认识可能在一瞬间或一种经历里萌发或产生。

材料分析之后,没有导语的提示或限制,而是直接跳到了命题上。对于题目的分析则要再一次进入"类型确定+关键词锁定"的程序,该题目的主体部分从短语类型方面看属于主谓结构,此类结构的短语,主语往往指向写作主体,谓语常常指向写作主体的特点或行为,着墨比例方面常以谓语部分为重,主语部分为轻,如果题目中再涉及其他限制类词语,比如定语或状语,那么此成分对应部分着墨往往最轻,且多表现为情境设置或描写展现。

将题目中关键词与材料关键词进行对应,可以明确写作方向——日常点滴中有哪些可贵的地方,这种可贵又是如何被发现或被感悟到的。

【吉林】

从下面两个文题中任选一题作文。

(1)毕业在即,学校准备编辑一本作品集,记录学生们深藏于心底的感动,纪念熠熠生辉的时光,感受岁月的深情与温度。

请你以"感动盈怀岁月暖"为题,为作品集写一篇文章。

(2)阅读下面材料,任选角度,自拟题目,写一篇作文。

学者闻一多在一个个四方竹纸本上写满了密密麻麻的小楷,如群蚁排衙。他目不窥园,足不下楼,兀兀穷年,沥尽心血,无声无闻,凝结而成《唐诗杂论》的硕果。

科学家钱学森的研究手记里,记录着他取得的每一项成果,包括如何反复推导公式,如何多次演算数据……一篇薄薄十页纸的论文,手稿却有800多页。那一页页手稿上,中文、英文、大字、小字、算式、图标,他都写得一丝不苟。

要求:①有创意地表达真情实感;②文体不限;③不少于500字;④文字和标点书写规范、整洁;⑤文中不得出现考生姓名以及毕业学校名。

【审题分析】两个文题给了写作者一定的选择空间,究竟如何选,一般有两个标准,一是两个文题的侧重点,二是写作者自身的写作优点。对于前者而言,可以从文题的立意方向、主要表达方式等方面去界定,后者则主要从写作者本身的写作习惯和写作优势等方面。

第一个文题属于"材料+命题"的方式,第二个文题则是材料作文,从写作类型上来比较,"材料+命题"的方式可以从材料和命题两方面进行审题分析,意味着材料可以作为审题的抓手,命题可以作为审题的主阵地。第二个文题则需要通过对材料进行概括,特别是对多则材料的概括进行主题确定,要关注到两则材料的共性,从其能为写作者提供的抓手角度来说,它的难度可能要大于第一个文题。此外,第一个文题中"感动""暖"等关键词在一定程度上预示着该文题可在抒情方面多着墨,第二个文题中材料涉及的是他人经历,既可以就此进行议论,也可以在材料涉及的重心上谈自己的成长,表达方式则可抒情亦可议论。

在以上分析的基础上,写作者可以进一步结合"有的写""可写好"的选择标准以及自己的写作优势及特点,对文题做出最终的选择。

从写作主题方面来看,第一个文题偏向一己情感方向,着重写作者情感的抒发;第二个文题侧重成长励志方向,两个主题方向都是中学阶段常写常练的主题方向,在这一点上,两个文题不存在难易程度的区别,只涉及方向问题。

【广东】

请以"这一次,我全力以赴"为题目,写一篇文章。

要求:①文体自选(诗歌除外);②不少于500字;③文中不得出现真实姓名和校名。

【审题分析】从题目类型上来说,该写作类型属于单纯命题式题目。对于此类型题目而言,审题一般从确定题目的关键词开始,这一题目中的"这一次"和"全力以赴"是写作的两大关键词,当关键词中出现代词时,代词往往是第一关键词,需要先对其内容和范围进行界定。因此,"这一次"具体是指哪一次,就成了此次写作必须先行确定的,即对具体场景和情境进行明确。明确了"第一次"为哪次之后,再对"全力以赴"进行解析,这个成语的意思没有太大难度,如果简单理解的话,可以从找近义词的层面入手,例如"十分努力""认真以对"等。两个关键词的解析落实后,重心就到了立意层面,即特殊场景或情境下的努力带给自己的感悟和思考。